CICÉRON

DISCOURS

SECONDE ACTION CONTRE VERRÈS

LIVRE V : LES SUPPLICES

COLLECTION DES UNIVERSITÉS DE FRANCE
publiée sous le patronage de l'ASSOCIATION GUILLAUME BUDÉ

CICÉRON

DISCOURS

TOME VI

SECONDE ACTION CONTRE VERRÈS

LIVRE V : LES SUPPLICES

TEXTE ÉTABLI
PAR
HENRI BORNECQUE

TRADUIT
PAR
GASTON RABAUD

Cinquième tirage

PARIS
LES BELLES LETTRES
2002

Conformément aux statuts de l'Association Guillaume Budé, ce volume a été soumis à l'approbation de la commission technique, qui a chargé M. H. Goelzer d'en faire la révision et d'en surveiller la correction en collaboration avec M. A. Bourgery.

95 boulevard Raspail, 75006 Paris
www.lesbelleslettres.com

Première édition 1929

ISBN : 2-251-01057-2
ISSN : 0184-7155

NOTICE

Discours fictif comme les quatre précédents, le *de Suppliciis* est la dernière partie du grand réquisitoire contre Verrès et en contient la péroraison.

Nouvel ordre d'arguments. Si le procès eût suivi son cours normal, Cicéron eût pris la parole plus de cinq fois dans la seconde *actio* (1). Le *de Suppliciis* notamment fournissait matière à deux discours, l'un sur la prétendue excellence de Verrès comme général et l'autre sur les tourments infligés à ses victimes. Souvent l'orateur serait intervenu pour introduire les témoins ou pour discuter les témoignages, les documents versés au débat et les pièces à conviction (2). Pendant la première *actio*, il s'est appliqué à mettre en lumière et en valeur les points essentiels de l'accusation, mais il a gardé « pour la bataille décisive des ressources nouvelles, comme des troupes fraîches » (3). C'est ainsi que le *de Suppliciis* va présenter un ordre d'arguments dont il n'a pas encore été question.

(1) Voir Jules Humbert, *Les plaidoyers écrits et les plaidoiries réelles de Cicéron*. Les Presses universitaires, Paris, 1925, p. 214.
(2) Sur l'*altercatio*, voir J. Humbert, p. 61, 62.
(3) J. Humbert, p. 208-210.

Cicéron prévoit qu'Hortensius fera de son client, pour le sauver, le sauveur de la Sicile menacée par la guerre des esclaves. Assurément le talent militaire de Verrès, fût-il réel, ne couvrirait pas ses crimes et une digression sur ce sujet ne saurait former une excuse admissible. Cependant l'accusateur aime mieux prendre les devants, couper chemin à l'adversaire et ruiner à fond la mauvaise position où celui-ci espérait s'établir fortement. Chez un peuple de soldats, de beaux états de services, décrits avec chaleur, éclat et habileté auraient pu être tournés en raisons d'acquittement. Un *imperator*, armé de droits si étendus et si redoutables, et sur qui reposait la défense de l'État, jouissait à Rome d'un prestige bien propre à éblouir les moins prévenus en sa faveur. Mais d'autre part s'il est prouvé que ce chef ne s'est distingué par aucune des qualités nécessaires à l'exercice de ses fonctions, qu'il s'est déshonoré par ses vices, qu'il a trahi son mandat et s'est rendu coupable de forfaiture, nul doute qu'il ne soit voué au mépris et condamné. C'est pourquoi, après avoir feint par ironie de craindre que les travaux guerriers de Verrès ne lui garantissent, pour tous ses actes, l'impunité, Cicéron va l'étudier et le peindre dans son rôle de général et d'amiral.

Armé comme promagistrat de l'*imperium* dans sa province, Verrès en a usé à la manière d'un dictateur, et même aggravée ; car un dictateur ne gardait sa charge que six mois pour le salut public et Verrès a été maintenu dans la sienne pendant trois ans pour le malheur de la Sicile.

Pas de circonstances atténuantes dans des succès contre des révoltés : durant sa préture, aucune guerre servile n'a troublé ce pays ; les esclaves n'y avaient même pas le droit de porter des armes. Si Hortensius vante les qualités militaires de son client dans le passé, par juste représaille toute une suite de turpitudes sera étalée : Cicéron les fait entrevoir en déclarant qu'il s'abstiendra provisoirement de les développer ; il en retient pourtant deux, et ainsi menace, allusions et mention détruisent d'avance un moyen escompté d'apologie.

Le défenseur en trouvera-t-il quelque autre, plus efficace, à raconter comment Verrès s'est conduit pendans la guerre des pirates ? Non content de ne pas commander lui-même, le préteur a dessaisi son lieutenant et nommé chef de la flotte romaine, non pas un Romain, suivant la règle et la tradition, mais le Syracusain Cléomène, homme sans compétence, mari gênant qu'il s'agissait d'éloigner. A la vue de l'ennemi, ce chef improvisé s'est enfui, laissant prendre et brûler tous les autres vaisseaux, moins rapides que le sien. Alors dans ce port de Syracuse, dont les puissantes flottes de Carthage n'avaient jamais forcé l'entrée, quatre brigantins de pirates se sont avancés sans opposition et ils ont pénétré ainsi au cœur même de la ville que le port encercle. Donc sur mer et sur terre, même nullité de titres militaires chez Verrès : l'amiral vaut le général. L'examen de cette œuvre de guerre d'où Hortensius préméditait de tirer prétextes d'acquittement ne découvre que raisons nouvelles et décisives de la plus dure condamnation.

Dernières touches au portrait de Verrès. Du discours *De praetura urbana* au *De suppliciis*, le caractère de Verrès s'est dessiné peu à peu (1). Cicéron applique ici les dernières touches au

(1) Voir notamment, t. II, *de praetura urbana* sur Verrès avant le procès ; t. III, notice p. 26-34 ; t. IV, notice p. 10, 11 ; t. V, *de signis* 3-71 pour les vols chez les particuliers, 72-150 pour les vols à des cités.

portrait pour en marquer vigoureusement le relief définitif. L'avidité qui a toujours distingué l'inculpé à toutes les étapes de sa carrière, dans tous les départements de son administration, qui l'a porté à commettre tant de vols, d'illégalités et même de sacrilèges, prend maintenant forme nouvelle d'hypocrisie et de gravité. La fausse vigilance de Verrès déguise des opérations de chantage, les seules que sache conduire ce fameux général : les esclaves arrêtés, condamnés et attachés au poteau sous ombre vaine de conspiration sont relaxés soudain contre argent sonnant de chaque maître. Un autre propriétaire, accusé de compter dans sa *familia* un imaginaire instigateur de soulèvements, est emprisonné, puis élargi sans raison, mais non sans rançon. Dans la guerre des pirates, Verrès n'a vu qu'une occasion propice d'extorsions à son profit. Quand son devoir lui ordonnait de concentrer et d'accroître les forces navales, il les a restreintes et affaiblies en multipliant les dispenses : dispenses à Messine de fournir un navire et de vendre du blé à l'Etat romain (1); dispenses à d'autres villes de lever des matelots; congés consentis, suivant tarif spécial, à nombre d'inscrits ; mainmise sur la solde des licenciés ; retenue de la solde des présents et sordide épargne sur leur nourriture, si bien qu'exténués par les jeûnes austères et forcés ils ne sont plus que des fantômes de marins, — autant de gains et autant de prévarications.

Après que, par chance et non par victoire, un navire des pirates, alourdi par le fret, a été capturé, leur chef, destiné à la mort, est mis en liberté ; une autre personne lui est substituée moyennant finances et, pour même cause d'âpre lucre, des citoyens romains sont exécutés

(1) Voir pour le *frumentum emptum*, t. IV, notice, VIII-X et discours, LXX, 163-165.

à la place des pirates prisonniers. Voilà bien, poussée au paroxysme et jusqu'à la trahison, cette cupidité insatiable dont les discours précédents ont accumulé déjà tant d'exemples, et qui a causé tant de supplices d'alliés et de citoyens romains (1).

De même que rapace, Verrès a toujours été, on le sait, efféminé et débauché : comment ces vices l'ont détourné de remplir son mandat de chef militaire, c'est ce que Cicéron démontre avec une verve amusante et la plus riche variété de traits. De là ces tableaux célèbres : les quartiers d'hiver de Verrès à Syracuse, la journée toute aux festins et la nuit à la luxure ; — ses marches militaires du printemps, paisibles et délicieuses promenades en litière confortable, caressée du souffle léger et doux de Favonius, et parfumée des roses dont sont bourrés coussin et réticule ; — ses champs de bataille, salles de banquets somptueux, où accouraient, les unes ouvertement, les autres en cachette, des femmes de la ville et non des moindres, où les cris, le vacarme, l'ivresse et les rixes remplaçaient le tumulte, le choc et l'ébranlement des combats ; — son camp, la riante plage de Syracuse, villégiature d'été, sous les tentes du lin le plus fin, rendez-vous aussi de toutes ses amies (et il en avait, dit Cicéron, en quantité invraisemblable) entre autres une merveille de beauté, Nicé, l'épouse de Cléomène qui en était fort épris ; la très séduisante femme d'une ombre de mari, Pipa, copieusement chansonnée dans des vers satiriques inscrits sur le tribunal, jusques au-dessus du siège du préteur (2) ; et Tertia (3), fille d'un mime, ex-

(1) Voir surtout t. II, *de praet. urb.* XXIV, 62 et l'affaire de Lampsaque XXV, 64-XXVII, 68 ; t. III, de *praet. sicil.* XIV, 36 ; XXXVI, 89 ; XLVII, 116 ; t. IV, *de frumento*, XXXIII, 77 ; XXXIV, 78 ; t V, *de signis* XXIII, 51 ; XXIV, 54.

(2) Voir *de frumento* XXXIII, 77.

(3) *De frumento* XXXIV, 78.

maîtresse d'un joueur de flûte rhodien, une charmeuse dont l'ascendant rappelait celui de feue Chélidon et que les deux autres favorites, se tenant supérieures par la naissance et le rang social, souffraient avec peine en leur compagnie ; — enfin cette parodie de revue navale par l'indigne amiral resté à terre et sorti, un instant seulement, de son banquet perpétuel pour venir, chaussé de sandales, vêtu à la grecque d'un manteau de pourpre et d'une tunique longue jusqu'aux talons, appuyé sur une petite femme, donner un regard distrait à la flotte s'éloignant du port.

Ces descriptions si alertes, si plaisantes et piquantes ne sont pas des digressions amenées pour détendre l'esprit du public, pour faire admirer le talent et la malice du conteur. Par la peinture de ces mœurs efféminées, de ces orgies, par l'évocation de cette société à la fois brillante et crapuleuse, Cicéron représente au vrai les états de services de l'illustre *imperator*. L'indolence et la lubricité de Verrès expliquent sa lâcheté. Il fallait donc figurer sous ces nouvelles couleurs le dérèglement de sa conduite, puisque c'est pour s'abandonner à son goût de molle oisiveté, pour assouvir sa passion du plaisir qu'il a manqué à tous ses devoirs de général et d'amiral.

La « peroratio » et le pathétique.

Peut-être le premier des deux discours dont on discerne la substance particulière dans le *de Suppliciis* aurait-il fini après l'accusation concernant le sort du chef des pirates. Cicéron déclare (XXX, 79) qu'il réserve pour l'assemblée du peuple le complet développement de ce grief. Néanmoins il semble l'avoir traité avec une ampleur suffisante, car il sait qu'on n'ira point, le procès étant jugé, devant une autre juridiction (1).

Si notre conjecture est bien fondée, le début du chapitre XXXI (80-82) aurait préparé la transition d'un discours à l'autre : voilà ce qui explique le retour à des faits exposés en un passage précédent (XII) où Cicéron renvoie (2). En effet, il était nécessaire de rappeler la nonchalance du préteur au fort de l'été, sa coutume de s'établir alors à demeure sur la plage de l'Ile, en compagnie de femmes légères ; car c'est pour garder là, près de lui, sans partage, la belle Nicé, qu'il a préposé Cléomène, l'époux, son rival, au commandement de la flotte ; c'est la nomination de cet homme sans capacité ni courage qui a occasionné la défaite navale ; c'est pour lui faire grâce, à cause de leurs liens, que l'amiral, quand l'opinion publique réclame des sanctions, sévit contre les capitaines irresponsables ; enfin c'est la condamnation de ces officiers qui entraîne la relation des supplices d'alliés, puis de citoyens romains (3). Ces événements constituent donc un ensemble bien cohérent et se rattachent à la joyeuse vie que Verrès menait à Syracuse. Saisissant est le contraste entre ces fêtes, ces délices et les iniques châtiments des victimes expiatoires.

Cicéron a fait observer justement (4) que l'on trouve dans les Verrines tous les genres de style : au terme de la série, dans la *peroratio* ou discours final, pour laisser l'auditoire, « qui est un auditoire d'assises » (5), sous

(1) Voir J. Humbert, p. 211. Cicéron n'a pas insisté sur l'atteinte à la dignité romaine, crime puni par la loi de lèse-majesté, parce qu'il va en parler abondamment, dans la *peroratio*, à propos des supplices infligés à des citoyens romains.

(2) L'hypothèse d'un deuxième discours explique aussi une redite au ch. LV, sur les Latomies, dont il a été question au chap. XXVII, et deux autres, ch. LVI et LX, où reparaissent des faits cités déjà au chap. XXVIII.

(3) Voir t. II, *de praet. urb.*, p. 124, note.

(4) *Orator*, XXIX.

(5) J. Humbert, p. 277.

l'impression la plus défavorable à l'inculpé, il s'élève au genre le plus émouvant : c'est le pathétique.

Il y excellait à tel point que ses confrères, lorsqu'ils étaient plusieurs à plaider une même cause, s'accordaient à lui assigner le discours final. Mais si les rhéteurs avaient édicté que la *peroratio* doit être pathétique, ce n'est nullement pour s'accommoder à leurs théories que Cicéron cherche ici à soulever la compassion (1). Il juge tout naturel et conforme à l'intérêt de la cause de s'adresser en terminant à la sensibilité du jury pour obtenir non pas comme en d'autres affaires un acquittement, mais au contraire, à coup sûr, une condamnation.

Dès le début de la seconde *actio*, Cicéron, voulant répondre le plus tôt possible à l'attente des auditeurs, avait précisé rapidement, mais avec force, les crimes les plus révoltants de Verrès (2). Il en a ravivé le souvenir, à l'occasion, dans les discours suivants et il en a cité d'autres : l'attentat contre un magistrat de Sicyone enfumé dans un local étroit (3), l'affaire de Lampsaque, la condamnation à mort de Philodamus et de son fils pour avoir défendu l'un l'honneur de sa fille, l'autre la vie de son père et l'honneur de sa sœur (4), la brutalité envers les gens de la plèbe et même envers des chevaliers (5) ; l'affaire de Sopater d'Halicyes et celle de Sopa-

(1) Ayant étudié les préceptes de ces maîtres, il s'est dégagé de leur discipline et s'est créé à son usage, d'après ses propres réflexions et sa pratique, une méthode personnelle qu'il a précisée plus tard dans le *de oratore*. Voir Courbaud, Introd. au *de orat.* X-XV (Collection Budé) ; J. Humbert, p. 84-91 et 287-293.

(2) Voir t. II *de praet. urb.* ch. III, IV, V, p. 124-128 et, pour l'explication de cette méthode, *de oratore* liv. II. ch. LXXVII, 313 : *Res enim hoc postulat ut eorum exspectationi qui audiunt quam celerrime succurratur.*

(3) T. II *de praet. urb.* Ch. XVII, 44, 45.

(4) T. II *de praet. urb.* Ch. XXIV-XXXI.

(5) T. II *de praet. urb.* Ch. XLVII, 122 ; t. IV *de frum.* Ch. XXIV, 59, 60 ; ch. XXV, 61-62.

ter de Tyndaris (1). A présent il dépeint dans toute son horreur la cruauté de Verrès. Mais rien dans ses propos qui sente l'artifice. Lorsqu'il invite à considérer l'âge, l'extérieur triste et misérable des vieux parents et des petits enfants des navarques, c'est en réalité leur malheur qui excite la pitié (2). Si parfois le ton se hausse pour invoquer les Châtiments vengeurs des innocents et les Furies persécutrices des criminels, c'est que l'orateur se reporte, textuellement ou non, au mémoire laissé par une victime dont l'exaltation s'explique à la veille de sa mort et qui avait foi solide en ces divinités (3). Les faits parlent d'eux-mêmes. Que nous soient montrés en cours d'opérations l'appariteur Timarchide et le bourreau Sextius, dignes agents de leur maître, fertiles en moyens de tirer la quintessence des bourses ; que soient dénoncés sous forme de poignant dialogue les odieux marchés conclus pour autoriser une visite aux prisonniers innocents, pour abréger leur torture, pour les tuer d'un seul coup, pour ne pas livrer leur corps aux bêtes sauvages, pour laisser licence de les ensevelir ; que dans une prosopopée sous forme de réprimande véhémente le père de l'accusé récapitule toutes les infamies découvertes naguère par l'accusateur, que soient décrits dans leur variété et leur atrocité les supplices des victimes de Verrès, — le pathétique sort spontanément des circonstances, des témoignages, des situations. Ainsi

(1) T. III *de praet. sicil.*, ch. XXVIII-XXX ; t. V *de signis*, ch. XL, 86, 87.

(2) T. II *de praet. urb.*, ch. LVIII, 152. Cicéron en a lui-même averti le lecteur par une remarque antérieure sur un cas analogue : *Non illius aetas, sed causa, non vestitus, sed fortuna popularis videbatur.*

(3) La déclamation apparaîtrait plutôt dans le passage du *de praet. urb.*, t. II, III, 7, où Cicéron parle en son propre nom des Furies vengeresses et des dieux de la patrie ; mais là aussi le ton était approprié à l'auditoire d'assises.

devant nous se développe un drame douloureux où le trouble va croissant de scène en scène, depuis les indignes traitements soufferts par les alliés de Rome jusqu'aux exécutions de citoyens romains flagellés, battus sur les yeux, torturés par le fer et le feu, étranglés en prison ou frappés de la hache ou crucifiés.

Cicéron a réservé pour le dénoûment les violations du droit osées par Verrès contre des Romains. Le droit de cité comprenait tout un ensemble de facultés légales et de privilèges attachés au titre de citoyen, entre autres l'exemption de toute peine déshonorante comme le fouet ou la crucifixion. Les lois Porcia (184 av. J.-C.) et Sempronia (123) garantissaient contre toute atteinte à la vie ou à la liberté sans une décision des comices par centuries (1). Les entreprises de Verrès contre cette inviolabilité devaient lui aliéner le public et les juges, car tous à Rome étaient intéressés à la maintenir (2).

Tels sont les principes que Cicéron s'efforce d'illustrer et de rendre sensibles au cœur des citoyens qui l'écoutent. Tout le pathétique enfermé dans ces seuls mots : *civis romanus sum*, il l'exprime habilement, sans vaine rhétorique ; il y insiste sans excès avec une simplicité savante qui ne demande l'effet qu'à la chaleur de la conviction personnelle, à l'évidence du fait, à la puissance des passions remuées : voilà comment est si émouvante l'histoire de Gavius (3).

(1) Voir 4e *Catil.* 5 ; *pro Rabirio*, 5 ; *Gell.*, X, 3. Pour la valeur de ce droit, voir *pro Fonteio*, 8 ; Tite Live, XXIII, 5 ; Tacite, *Annales*, III, 40.

(2) Voir *de suppl.* LV, 143. Dans le *pro C. Rabirio Postumo* (64 av. J. C.), Cicéron dira (ch. I) que défendre ce citoyen, c'est *succurrere saluti fortunisque communibus.*

(3) Pour le pathétique chez Cicéron, voir *Revue des cours et conférences*, 5 juillet 1894, p. 519, leçon de J. Martha. — Sur *Cicéron avocat*, voir même Revue nos de déc. 1893, janvier à juillet 1894 et no du 22 déc. 1904. Voir aussi *Revue du Palais*, 1er avril 1897, *La plaidoirie à Rome au temps de Cicéron*, par J. Martha.

Quand elle fut révélée avec tous ses détails par l'interrogatoire des témoins, lors de l'*actio prima*, l'effervescence avait été si violente que la foule furieuse aurait écharpé le persécuteur, si le président du tribunal n'eût levé soudain l'audience. Il suffit à Cicéron de réveiller ce souvenir, d'annoncer de nouvelles dépositions, de ruiner le système d'excuse de Verrès, de retourner contre lui ses propres aveux, de marquer le raffinement de scélératesse et d'impudence qu'il a mis à dresser la croix du supplice, non sur l'emplacement ordinaire, derrière Messine, mais sur le rivage en face de l'Italie, pour être certain de toucher, d'irriter tour à tour et d'avoir finalement cause gagnée.

La part de la politique. Si pourtant les juges étaient tentés, par esprit de caste, d'absoudre le grand seigneur criminel, Cicéron fait avancer, pour les en détourner, l'argument qui a chevauché tout du long du procès et qui y a été introduit à plusieurs reprises (1) : de leur sentence dépendra leur monopole du pouvoir judiciaire (2). La justice de l'ordre sénatorial était en mauvaise réputation : trop d'exemples de faiblesse et de partialité à l'égard de ses membres avaient persuadé le peuple et les étrangers qu'un homme

(1) Voir *Actio prima* I, 1, 2, 3 ; VIII, 20 ; XII, 36 ; XIII, 37-40 ; XV, 43 ; XVI, 47-49 ; *de praet. urb.*, II, 4-7 ; VII, 19, 20 ; VIII, 21-24 ; *de praet. sicil.*, I, 1 ; LXXI, 174 ; *de frumento* XLI, 94 ; LXII, 143, 145 ; XCVI, 223, 224 ; *de signis* LIX, 133 ; *de suppliciis* XXX, 79 ; XLVIII, 126 ; LVIII, 151 ; LXVII, 171, 172, 173 ; LXVIII-LXXI.

(2) Les jurys permanents pour affaires criminelles *(quaestiones perpetuae)* remontent à la loi Calpurnia (149 av. J. C.) ; ils étaient composés de sénateurs présidés par le préteur urbain, jusqu'en 122 ; à cette date C. Gracchus attribua ces fonctions aux Chevaliers ; en 80, Sylla par réaction les avait rendues aux sénateurs ; il n'était bruit que de les leur enlever, quand s'ouvrit le procès de Verrès.

noble et riche ne saurait, malgré une culpabilité manifeste, être condamné. Cicéron s'est plu, souvent, à signaler la différence entre l'aristocratie dirigeante et les hommes nouveaux, parmi lesquels il brille, et à faire l'éloge du mérite personnel (1) Parfois même il incline à vanter par contraste, jusqu'à l'exagération, l'impartialité de l'ordre équestre. Il espérait contribuer ainsi pour sa part au retour du privilège en faveur des chevaliers et, lorsqu'il préparait son réquisitoire, il y voyait occasion et moyen de hâter cette réforme des tribunaux. La proposition de loi du préteur L. Aurélius Cotta sur cette question fut affichée durant l'*actio prima*, dans la première quinzaine d'août 70 (2). L'enquête sur les actes scandaleux et tyranniques de Verrès, un bref aperçu de l'accusation et l'interrogatoire des témoins avaient sans doute accéléré et fortifié le mouvement, déjà très vif, de l'opinion contre les sénateurs (3). Ces juges étaient justiciables de l'esprit public et Cicéron était fondé à présumer que ses plaidoiries influeraient sur le vote de la loi. Même après le vote il n'était pas inutile d'en confirmer l'opportunité et la nécessité. L'accusation contre Verrès avait donc une importance politique et les discours de la seconde *actio* en gardent la trace : ils sont « comme un document à l'appui de la réforme judiciaire une fois accomplie par la loi de L. Aurélius Cotta » (4).

(1) Voir *Pro Roscio* XLVIII, 39 ; *in Caecilium* III, 8, 9 ; *Actio prima* I, 2 ; XIII, 38 ; *de praet. sicil.* LXXI, 174 ; *de frumento* IV, 7, 9 ; XLI, 94 ; XCVI, 223, 224 ; *de Signis* XXXVII, 81 ; *de Suppliciis* XIV, 35-40 ; LIII, 139 ; LXVII, 173 ; LXX, 180, 181 ; LXXI, 181-184.

(2) Cotta proposait de constituer les tribunaux avec des sénateurs, des chevaliers et des tribuns du trésor, en nombre égal.

(3) Voir *de frumento* XCVI, 223, 224.

(4) G. Bloch, *La République romaine*, p. 298. Il ne faut donc pas croire avec Mommsen, *Hist. rom.* t. 6, liv. V, ch. 5, p. 336

Conclusion. Mais ce gros travail de rédaction, Cicéron se l'était imposé surtout pour établir solidement sa renommée. Se promettant de défendre à l'avenir les gens de bien plutôt que de poursuivre les méchants, il voulait, pour donner aux contemporains et à la postérité une image complète de son talent d'avocat, dresser un monument de son éloquence d'accusateur (1). N'ayant pas à étudier ici un style si merveilleux par l'abondance, la variété, le nombre et l'éclat, notons seulement que la péroraison proprement dite est par son élévation et sa noblesse en harmonie avec le grand réquisitoire qu'elle conclut. Nul épilogue ne pouvait être plus majestueux que cette ample période admirablement soutenue par un souffle puissant, que le souvenir ainsi ranimé des sacrilèges commis par l'accusé, que ces invocations successives à des divinités vénérées et redoutables qui semblent composer, au-dessus du tribunal de Rome, une cour suprême de

que Cicéron ne se distingue que par « son talent à enfoncer les portes ouvertes. »

M. J. Humbert semble se tromper (ouvr. cité, liv. II, *Les Verrines*, p. 213) en refusant de voir chez Cicéron, entre autres raisons de publier ces discours, le désir d'attester la portée politique de son accusation. « Ce qui me frappe au contraire, dit-il, ce sont les précautions qu'il prend en parlant du parti aristocratique et les ménagements dont il use avec Hortensius. » Les précautions s'expliquent par ce fait que, les juges étant de ce parti, Cicéron ne pouvait guère lui donner d'atteinte qu'en ayant l'air de le défendre contre ceux qui le compromettaient. Quant aux ménagements, qui d'ailleurs enveloppent ou précèdent ou suivent des traits assez durs et acérés, ils ne surprennent point, car, malgré la supériorité, dès lors apparente, de son jeune rival et le libre échange des coups de langue à l'audience, Hortensius ne laissait pas d'être, comme toujours il s'est montré, son ami.

Voir *Brutus*, ch. I, et Berger, *Hist. de l'éloq. lat.*, Hachette, Paris, in-12, t. II, p. 324 et 330.

(1) Voir J. Humbert, p. 212.

justice pour châtier l'ennemi commun des peuples alliés, des Romains et du ciel.

Dans ce procès fameux dont il n'avait pu diriger à son gré la marche, Hortensius avait perdu la royauté du Forum (1). Cicéron l'en avait dépossédé : c'était lui qui devenait et allait rester désormais le premier des orateurs latins.

Je remercie cordialement M. G. Bréton d'avoir bien voulu m'autoriser à refondre pour la Société Budé la traduction du *de Suppliciis* que j'avais cédée naguère à la maison Hachette.

Gaston Rabaud.

TEXTE

Le texte est fondé sur les mêmes manuscrits que celui du *de Signis* (2). Mais cette fois nous possédons le Palimpseste du Vatican pour un sixième du discours environ (3); par contre les deux meilleurs manuscrits de Paris (7774 et 7775), offrent une lacune relativement importante (4), dans une partie où malheureusement nous ne pouvons pas recourir davantage au Palimpseste. Pour ces paragraphes, le texte est fondé sur le Parisinus 7776, le Laurentianus et le Harleianus. Partout ailleurs il s'appuie sur les deux Parisini 7774 et 7775, auxquels nous avons ajouté le Palimpseste du Vatican, pour les parties

(1) Voir *Actio prima*, XII, 35 ; *de praet. urb.*, XXII, 58 ; *de suppliciis*, LXVIII, 75.

(2) Voir notre édition du *de Signis*, p. XXIV.

(3) §§ 71 et 72 (en partie), 80 (en partie), 81-84, 85 (en partie), 94 (en partie), 95-98, 99 (en partie), 104 (en partie), 105-108, 109 (en partie), 114 (en partie), 115-118, 119 (en partie), 120 (en partie), 121-135, 136 (en partie).

(4) §§ 162 (en partie), 163-170, 171 (en partie).

où il existe. Les italiques appellent l'attention sur les parties du texte qui diffèrent des manuscrits pris pour base : ces manuscrits sont les seuls dont toutes les variantes figurent à l'apparat (1). L'étude des clausules sert tout au moins de contrôle (2), Enfin comme pour le *de Signis*, un secours précieux m'a été fourni par l'édition procurée par Alfred Klotz en 1922 pour la Bibliotheca Teubneriana.

Henri Bornecque.

(1) Pour me conformer aux règles de la collection, je n'ai donné place dans l'apparat, en ce qui concerne les noms propres, qu'aux seules variantes orthographiques vraiment intéressantes.

(2) Sur le conseil de M. Alfred Klotz, j'ai indiqué ces clausules dans l'apparat par les mots *clausula inusitata* et non plus *clausula vitiosa.*

SIGLA (v. p. XIV et XV)

---

cet = VRSPQH excepto uno aut altero qui antea aut post nominatur.

clausula inusitata = clausula quae ab eis diflert quibus Tullius uti solet.

codd. = codices omnes.

codd. rec. = codices recentiores.

edd. = editores.

H = codex Harleianus 2687 saec. XV.

nostri = VRSPQH.

om. RS = omiserunt RS, habent VPQH.

om. V. = omisit V, habent ceteri.

P = codex Parisinus 7776 saec. XI.

Q = codex Laurentianus plut. XLVIII cod. 29 saec. xv (Lagomarsinianus).

R = codex Parisinus 7774 saec IX.

S = codex Parisinus 7775 saec. XIII .

V = Palimpsestus Vaticanus (Reginensis 2077), saec. IV.

vulg. = vulgata lectio.

ANALYSE DU DISCOURS

VERRÈS IMPERATOR

Argument suprême : Verrès est bon général (I, 1-5). Or il n'y a pas eu de guerre des esclaves en Sicile à cette date (II, 5-VII, 16) ; — Affaire d'Apollonius (VII, 16-X, 25). — Les marches militaires de Verrès (X, 25-XI, 28) ; son champ de bataille (XI, 28-XII, 29) ; son camp XII, 29, XIII, 32) ; ses états de services (XIII, 32-XIV, 35). — Conscience de Cicéron (XIV, 35-XV, 38). — Manque de conscience de Verrès (XV, 38). — Affaire de Tempsa (XVI, 40).

Verrès pendant la guerre des pirates (XVII, 42-XVIII, 45). — Vaisseau construit pour lui à Messine (XVIII, 45-XIX, 50) ; dispenses vendues aux Mamertins (XIX, 50-XXII, 57) ; leur éloge de Verrès (XXII, 57-59) ; leur complicité (XXIII, 59-60). — Dispenses vendues aux matelots (XXIV, 60-62). — Affaire du vaisseau pirate (XXV, 62-65). — Comparaison de Verrès et de P. Servilius (XXVI, 66-68). — Les Latomies (XXVII, 68-70). — Le chef des pirates épargné (XVII, 69-71). — Citoyens romains exécutés à la place des pirates (XVIII, 71-80).

CONSÉQUENCES TRAGIQUES DES PASSIONS DE VERRES

Les orgies de Verrès (XXXI, 80-83). — Un Syracusain donné pour chef à la flotte romaine (XXXII, 83-87) ; défaite navale (XXXIV, 87-XXXVII, 96).

Les pirates à Syracuse (XXXVII, 96-XXXVIII, 100). — Enquête et faux témoins (XXXVIII, 100-XL, 103). — Le commandant de la flotte épargné, les capitaines de vaisseau arrêtés (XL, 103-XLII, 108). — Inutiles supplications des parents (XLII, 108-111). — Le cas d'Héraclius ; la défense de Furius (XLIII, 111-114). — Condamnation des capitaines et chantages avant l'exécution (XLIV, 114-XLVI, 121). — Innocence des victimes (XLVI, 121-XLVIII, 126).

Le tribunal est le seul recours des alliés (XLVIII, 126-XLIX, 128). — Pitié inspirée par les plaignants (XLIX, 128-LI, 131).

Verrès confondu sur tous lés points (L, 131-LII, 136). — Prosopopée du père de Verrès (LII, 136-LIII, 139).

Nécessité de sauvegarder les droits des citoyens romains (LIII, 139-141).

SUPPLICES DES CITOYENS ROMAINS

Supplice du citoyen Servilius (LIV, 140-143). — Emprisonnement de citoyens romains dans les Latomies (LV, 143-145).

Cruauté de Verrès envers les trafiquants sur mer (LVI, 145-147).

Exécutions de citoyens romains (LV, 147-LXI, 158).

Histoire de Gavius ; son supplice (LXI, 158-LXVIII, 174).

Avertissement à Hortensius (LXVIII, 174-XIX, 177) ; aux juges (LXIX, 177-LXX, 179). — Les hommes nouveaux (LXX, 179-LXXII, 184).

PÉRORAISON

Invocations aux divinités outragées par Verrès (LXXII, 184, fin).

SECONDE ACTION CONTRE VERRÈS

LIVRE CINQUIÈME

LES SUPPLICES

Verrès général.

I 1 Personne, je le vois, ne doute, juges, que Verrès, comme simple particulier et comme fonctionnaire, n'ait dépouillé très ouvertement tous les édifices sacrés et profanes et pratiqué, sans aucun scrupule et même sans se cacher, tous les genres de larcins et de pillage. Mais certain pompeux et brillant système de défense m'est opposé. Comment le réfuter, c'est à quoi tout d'abord, juges, il me faut aviser. Voici en effet sur quel terrain la question est placée : par sa valeur et sa vigilance unique, en des circonstances critiques et terribles, la province de Sicile a été maintenue à l'abri des dangers de la guerre des esclaves fugitifs (1).

2 Que faire, juges? Où reporter l'effort de mon plan d'accusation? Où me tourner? Devant tous mes assauts, se dresse comme un mur le nom de bon général. Je connais ce thème ; je vois où va se lancer Hortensius. Il rappellera les dangers de la guerre, les malheurs de l'État, la pénurie de généraux : tour à tour il vous suppliera, il vous requerra même, en vertu de son droit, de ne pas laisser arracher un tel général au peuple romain par les

(1) Voir t. II, note 1 de la p. 124.

M. Tvlli Ciceronis in C. Verrem Actionis secvndae

Liber V de Suppliciis

I 1 Nemini uideo dubium esse, iudices, quin apertissime C. Verres in Sicilia sacra profanaque omnia et priuatim et publice spoliarit uersatusque sit sine ulla non modo religione, uerum etiam dissimulatione in omni genere furandi atque praedandi. Sed quaedam mihi magnifica et praeclara eius defensio ostenditur. Cui quemadmodum resistam, multo mihi ante est, iudices, prouidendum. Ita enim causa constituitur, prouinciam Siciliam uirtute istius et uigilantia singulari dubiis formidolosisque temporibus a fugitiuis atque a belli periculis tutam esse seruatam. 2 Quid agam, iudices ? quo accusationis meae rationem conferam, quo me uertam ? Ad omnis enim meos impetus quasi murus quidam boni nomen imperatoris opponitur. Noui locum ; uideo ubi se iactaturus sit Hortensius. Belli pericula, tempora rei publicae, imperatorum penuriam commemorabit ; tum deprecabitur a uobis, tum etiam pro suo iure contendet ne patiamini talem imperatorem populo *Roma-*

1 spoliarit *PQH* : — ret *RS*.
2 Ad omnes — opponitur *habet* POMP. *K.* V 295,8 || populo r. *PQH* : populi r. *RS*.

témoignages des Siciliens, de ne pas consentir à anéantir par des accusations d'avidité la gloire de son commandement.

3 Je ne puis, juges, le dissimuler ; je crains que son rare mérite dans l'art militaire n'assure à Verrès, pour tous ses actes, l'impunité. Je me rappelle en effet ce qu'a su et ce qu'a pu faire dans le procès de Manius Aquilius (1) le discours d'Antoine (2) : étant orateur non seulement habile, mais fort, vers la fin de son plaidoyer il saisit lui-même Manius Aquilius, le campa debout à la vue de tous et déchira sa tunique sur sa poitrine pour montrer au peuple romain et aux juges les cicatrices des blessures reçues en face ; en même temps aussi il parla longuement du coup que le chef des ennemis lui avait porté sur la tête et par là il amena ceux qui allaient prononcer le jugement à craindre anxieusement que ce héros, arraché par la fortune aux traits des ennemis, sans s'être ménagé lui-même, ne semblât avoir été conservé, non pour la gloire du peuple romain, mais pour la cruauté des juges.

4 La défense essaye maintenant de prendre les mêmes voies et moyens ; c'est le même résultat qu'elle cherche. Que Verrès soit voleur, qu'il soit sacrilège, qu'il soit le type de tous les scandales et de tous les vices : oui, mais, dira-t-on, il est bon général, mais il est heureux et il faut le tenir en réserve pour les moments critiques de la République.

Aucune guerre d'esclaves alors.

II Je ne te traiterai pas avec la rigueur du droit strict ; je ne dirai pas (ce que je devrais peut-être maintenir, le procès ayant pour base une loi déterminée (3)) que ton devoir est d'établir non pas tes exploits dans l'art mili-

(1) Proconsul en Sicile (101-98), il fut accusé de concussion à son retour.

(2) Sur cet orateur, voir Cicéron, *Brutus*, XXXVII, 139, 140, XXXVIII, 141, 142 et *de oratore*, t. I de la collection Budé, notice p. XXIII-XXVI.

(3) Loi Cornelia (81 av. J.-C.) sur les concussions.

no Siculorum testimoniis eripi, ne obteri laudem imperatoriam criminibus auaritiae uelitis. **3** Non possum dissimulare, iudices ; timeo ne C. Verres propter hanc eximiam uirtutem in re militari omnia quae fecit impune fecerit. Venit enim mihi in mentem in iudicio *M'*. Aquili quantum auctoritatis, quantum momenti oratio M. Antoni habuisse existimata sit. Qui ut erat in dicendo non solum sapiens, sed etiam fortis, causa prope perorata, ipse arripuit M'. Aquilium constituitque in conspectu omnium tunicamque eius a pectore abscidit, ut cicatrices populus Romanus iudicesque aspicerent aduerso corpore exceptas ; simul et de illo uulnere quod ille in capite ab hostium duce acceperat multa dixit eoque adduxit, eos qui erant iudicaturi, uehementer ut uererentur ne, quem uirum fortuna ex hostium telis eripuisset, cum sibi ipse non pepercisset, hic non ad populi Romani laudem, sed ad iudicum crudelitatem uideretur esse seruatus. **4** Eadem nunc ab illis defensionis ratio uiaque temptatur, idem quaeritur. Sit fur, sit sacrilegus, sit flagitiorum omnium uitiorumque princeps. At est bonus imperator, at felix et ad dubia rei publicae tempora reseruandus. II Non agam summo iure tecum ; non dicam (id quod debeam forsitan obtinere, cum iudicium certa lege sit), non quid in re militari fortiter feceris, sed quemadmodum manus ab alienis pecuniis abstinueris, abs te doceri

3 M' *vulg.* : M. *codd.* || de eo *(sic)* uulnere multa dixit quod ille ab hostium duce in capite acceperat *habet* ARVS. *K.* VN 456, 12 || quod — acceperat *habet* SERV. *Am.* I 76 et AVG. *K.* V 523, 33.

4 At est — reseruandus *habet* ANON. *H.* 73, 28 sq || Non agam tecum summo iure, non dicam quod forsitan obtinerem *habet* QVINT. *Inst. Or.* 9, 2, 47.

taire, mais ton intégrité ; non, je le répète, je n'en userai pas ainsi, mais je demanderai, suivant ce qui est, je le vois bien, ton désir, quels furent le caractère et l'importance de ton œuvre à la guerre.

5 Que dis-tu? que la Sicile a été délivrée par ta vaillance de la guerre des esclaves fugitifs? Grande gloire et langage propre à te faire honneur ! Mais pourtant de quelle guerre s'agit-il ? Car, nous le savons, depuis la guerre achevée par Manius Aquilius, il n'y eut en Sicile aucune guerre d'esclaves fugitifs. — Mais il y en eut une en Italie. — Je le reconnais, et ce fut en vérité une guerre sérieuse et acharnée. T'efforces-tu donc d'en tirer quelque part d'honneur ? Crois-tu avoir en partage avec M. Crassus ou Cn. Pompée la gloire d'avoir vaincu ? Ton effronterie est, je pense, assez grande sans que tu oses y ajouter encore une telle prétention. Tu as barré, sans doute, aux troupes d'esclaves fugitifs le passage d'Italie en Sicile. Où? quand? de quel côté? Quand ils tentaient d'approcher sur des radeaux ou des vaisseaux ? De fait, nous n'avons jamais entendu dire absolument rien de tel. Voici ce que nous avons entendu dire, c'est que M. Crassus, ce guerrier de très grand cœur, a réussi par sa vaillance et son habileté à empêcher les esclaves fugitifs de se diriger par le détroit vers Messine sur des radeaux assemblés. On n'aurait pas eu tant de peine à écarter cette tentative, si l'on avait pensé qu'il y eût en Sicile des forces pour s'opposer à leur descente.

6 Mais, diras-tu, alors que la guerre était en Italie si près de la Sicile, la Sicile en fut pourtant exempte. Quoi d'étonnant ? Quand il y eut la guerre en Sicile, à égale distance, il n'en passa pas même une étincelle en Italie.

III. Et en effet, en quel sens la proximité des lieux est-elle ici mise en avant ? L'invasion était-elle facile aux ennemis ou y avait-il danger de guerre par la contagion de l'exemple ? Toute invasion, pour des hommes totalement dépourvus de vaisseaux, avait non seulement chemin coupé, mais passage fermé ; et ainsi ces ennemis qui étaient

oportere ; non, inquam, sic agam, sed ita quaeram, quemadmodum te uelle intellego, quae tua opera et quanta fuerit in bello.

5 Quid dicis ? an bello fugitiuorum Siciliam uirtute tua liberatam ? Magna laus et honesta oratio ; sed tamen quo bello ? Nos enim post illud bellum quod M'. Aquilius confecit, sic accepimus nullum in Sicilia fugitiuorum bellum fuisse. At in Italia fuit. Fateor, et magnum quidem ac uehemens. Num igitur ex eo bello partem aliquam laudis adpetere conaris ? Num tibi illius uictoriae gloriam cum M. Crasso aut Cn. Pompeio communicatam putas ? Non arbitror hoc etiam tuae deesse inpudentiae ut quicquam eiusmodi dicere audeas. Obstitisti uidelicet ne ex Italia transire in Siciliam fugitiuorum copiae possent. Ubi, quando, qua ex parte ? cum aut ratibus aut nauibus conarentur accedere ? Nos enim nihil umquam prorsus audiuimus, *sed* illud audiuimus, M. Crassi fortissimi uiri uirtute consilioque factum ne ratibus coniunctis freto fugitiui ad Messanam transire possent, a quo illi conatu non tanto opere prohibendi fuissent, si ulla in Sicilia praesidia ad illorum aduentum opposita putarentur. **6** At cum esset in Italia bellum tam prope a Sicilia, tamen in Sicilia non fuit. Quid mirum ? Ne cum in Sicilia quidem fuit eodem interuallo, pars eius belli in Italiam ulla peruasit. III Etenim propinquitas locorum ad utram partem hoc loco profertur ? utrum aditum facilem hostibus an contagionem imitandi belli periculosam fuisse ? Aditus omnis hominibus sine ulla facultate nauium non modo disiunctus, sed etiam clau-

5 sed *Halm* : et *codd.* || opposita putarentur *clausula inusitata.*

si près de la Sicile, dis-tu, seraient parvenus plus aisément au bord de l'Océan qu'à Pélore (1). **7** Quant à la contagion de cette guerre d'esclaves, pourquoi est-ce toi plutôt que tous les gouverneurs de toutes les autres provinces qui la proclames ? Est-ce parce qu'en Sicile auparavant il y eut des guerres d'esclaves fugitifs (2) ? Mais c'est pour cette raison que cette province est et a été la moins exposée au danger. Car depuis que Manius Aquilius l'a quittée, toutes les instructions et tous les édits des préteurs ont défendu à tout esclave de porter une arme.

Ancien est le fait que je raconterai et, vu la sévérité de l'exemple, aucun de vous peut-être ne l'ignore. On avait apporté un gros sanglier à L. Domitius, préteur en Sicile. Surpris de ce beau coup, il s'informa de l'auteur. Ayant appris que c'était le berger de certain propriétaire, il le fit appeler devant lui ; l'esclave accourut devant le préteur avec empressement, comme s'il allait recevoir éloges et récompense ; Domitius lui demanda comment il avait abattu cette si énorme bête ; l'autre répondit : avec un épieu ; aussitôt après, sur l'ordre du préteur, il fut mis en croix. Sanction bien rude peut-être, à votre avis. Je ne discute ni le pour ni le contre. Je comprends seulement que Domitius aima mieux paraître cruel en sévissant que faible en pardonnant.

IV **8** Donc, grâce à ces règlements de la province, au moment même où la guerre sociale mettait en feu l'Italie tout entière (3), un homme qui n'était ni très actif ni très brave, C. Norbanus (4), y jouit d'un calme parfait. La Sicile en effet se préservait alors très aisément de toute guerre intestine ; car pas de société qui puisse être plus unie que nos commerçants et les Siciliens par les relations quotidiennes, les intérêts pécuniaires, les comptes de commerce, la conformité des sentiments, et de plus les

(1) Promontoire le plus rapproché de l'Italie.

(2) En 134-132 et en 104-102.

(3) En 90-88 pour faire accorder le droit de cité aux alliés de Rome.

(4) Préteur en Sicile en 91 av. J.-C.

sus est, ut illis, quibus Siciliam propinquam fuisse dicis, facilius fuerit ad Oceanum peruenire quam ad Peloridem accedere. **7** Contagio autem ista seruilis belli cur abs te potius quam ab *iis* omnibus qui ceteras prouincias obtinuerunt praedicatur ? An quod in Sicilia iam antea bella fugitiuorum fuerunt ? At ea ipsa causa est cur ista prouincia minimo in periculo sit et fuerit. Nam posteaquam illinc M'. Aquilius decessit, omnium instituta atque edicta praetorum fuerunt eiusmodi ut nequis cum telo seruus esset. Vetus est quod dicam, et propter seueritatem exempli nemini fortasse uestrum inauditum, L. Domitium praetorem in Sicilia, cum aper ingens ad eum allatus esset, admiratum requisisse quis eum percussisset ; cum audisset pastorem cuiusdam fuisse, eum uocari ad se iussisse ; illum cupide ad praetorem quasi ad laudem atque ad praemium accucurrisse ; quaesisse Domitium qui tantam bestiam percussisset ; illum respondisse uenabulo ; statim deinde iussu praetoris in crucem esse sublatum. Durum hoc fortasse uideatur ; neque ego ullam in partem disputo, tantum intellego maluisse Domitium crudelem in animaduertendo quam in praetermittendo dissolutum uideri. IV **8** Ergo his institutis prouinciae, iam tum cum bello sociorum tota Italia arderet, homo non acerrimus nec fortissimus C. Norbanus in summo otio fuit ; perfacile enim sese Sicilia iam tuebatur, ut nequod ex ipsa bellum posset existere. Etenim cum nihil tam coniunctum sit quam negotiatores nostri cum

6 quam — accedere *habet* ARVS. *K.* VII 454, 20.
7 iis *vulg* : his *PQH* istis *RS* || quis eum percussisset *clausula inusitata* || ad se iussisse *clausula inusitata*.

Siciliens, trouvant avantage à la paix dans la situation dont ils jouissent, aimant assez la domination du peuple romain pour ne pas désirer le moins du monde qu'elle soit amoindrie ou remplacée par une autre, les dangers à naître d'une guerre des esclaves étant prévenus par les règlements des préteurs et les mesures privées des maîtres, pas de mal intérieur dont la province même puisse être l'origine.

9 Quoi donc? Ne mentionne-t-on en Sicile, sous la préture de Verrès, aucun soulèvement d'esclaves, aucun complot? Rien assurément dont le Sénat et le peuple romain aient eu connaissance, rien que Verrès ait annoncé à Rome par des rapports officiels. Et cependant je soupçonne qu'un mouvement d'esclaves commença sur quelques points de la Sicile. Et même c'est moins par les événements que par ses actes et ses décrets que je le sais. Et voyez comme je vais argumenter sans malveillance ; les faits qu'il cherche et dont vous n'avez jamais entendu parler jusqu'à présent, c'est moi qui les rappellerai et les produirai.

10 Sur le territoire de Triocala (1), occupé antérieurement par des esclaves fugitifs, le groupe d'esclaves d'un certain Léonidas, sicilien, devint suspect de conspirer. L'affaire fut portée devant le préteur. Aussitôt par son ordre, comme il convenait, les hommes qui avaient été accusés furent arrêtés et conduits à Lilybée ; le maître fut assigné, le procès jugé, les prévenus condamnés.

Forfaiture de Verrès.

V Et après? Que croyez-vous qu'il se passa ? C'est un vol peut-être ou quelque rapine que vous attendez. N'allez pas chercher en toute rencontre mêmes exactions. Quand on craint la guerre, est-ce le moment de voler ? Même si quelque occasion de le faire s'est présentée en cette circonstance, elle a été négligée. Alors Verrès pouvait tirer quelque argent de Léonidas, quand il l'a cité en justice. Il pouvait con-

(1) Ainsi nommée parce qu'il y avait trois belles choses, les eaux, les environs, la situation.

Siculis usu, re, ratione, concordia, et cum ipsi Siculi res suas ita constitutas habeant ut iis pacem expediat esse, imperium autem populi Romani sic diligant ut id imminui aut commutari minime uelint, cumque haec a seruorum bello pericula et praetorum institutis et dominorum disciplina prouisa sint, nullum est malum domesticum quod ex ipsa prouincia nasci possit.

9 Quid igitur ? nulline motus in Sicilia seruorum Verre praetore, nullaene consensiones factae esse dicuntur ? Nihil sane quod ad senatum populumque Romanum peruenerit, nihil quod iste publice Romam scripserit ; et tamen coeptum esse in Sicilia moueri aliquot locis seruitium suspicor. Id adeo non tam ex re quam ex istius factis decretisque cognosco. Ac uidete quam non inimico animo sim acturus ; ego ipse haec quae ille quaerit, quae adhuc numquam audistis, commemorabo et proferam.

10 In Triocalino, quem locum fugitiui iam ante tenuerunt, Leonidae cuiusdam Siculi familia in suspicionem est uocata coniurationis. Res delata ad istum. Statim, ut par fuit, iussu eius homines qui fuerant nominati, comprensi sunt adductique Lilybaeum. Domino denuntiatum est, causa dicta, damnati. V Quid deinde ? quid censetis ? Furtum fortasse aut praedam *ex*spectatis aliquam. Nolite usque quaque idem quaerere. In metu belli, furandi locus qui potest esse ? Etiam siqua fuit in hac re occasio, praetermissa est. Tum potuit a Leonida nummorum aliquid auferre, cum denuntiauit ut

8 ipsi Siculi *PQH* : ipsis Siculis *RS* || ut iis *Halm* : uti is *RS* ut his *PQH* || nasci possit *clausula inusitata*.

9 Ac *PQH* : at *ex* ad *RS*.

10 Quid deinde — aliquam *habet* QVINT. *Inst. Or.* 9, 2, 22 || exspectatis *PQH* : spec — *RS om.* QVINT.

clure quelque marché (1) — et ce n'eût pas été son coup d'essai, — pour étouffer l'affaire ; il avait même un second prétexte à marché pour faire absoudre les inculpés. Les esclaves une fois condamnés, le moyen de rien extorquer? Il fallait, de nécessité, les mener au supplice. Témoins de l'arrêt sont les membres du conseil du préteur ; témoins, les archives de la province ; témoin, la très brillante ville de Lilybée ; témoin, la très honorable et très importante colonie de citoyens romains. Rien à faire : le supplice s'impose. Aussi les esclaves sont-ils tirés de prison et attachés au poteau. **11** Il me semble, juges, que vous attendez encore la fin, car Verrès ne fait jamais rien sans bénéfice ni butin. Quel profit a-t-il pu réaliser en cette affaire? Attendez la forfaiture qu'il vous plaira, infâme autant que vous voudrez : je surpasserai pourtant l'attente générale.

Les hommes condamnés pour crime de conspiration, livrés au supplice, attachés au poteau, sont délivrés soudain, sous les yeux de plusieurs milliers d'assistants et rendus à leur maître de Triocala.

Et maintenant que peux-tu dire, ô le plus insensé des hommes, sinon ce que je ne te demande pas, ce qui finalement, dans une conduite si sacrilège, ne peut être mis en doute, ce qu'il ne faudrait pas, même en cas de doute, s'arrêter à rechercher : ce que tu as reçu, combien et comment on t'a payé? Je te fais grâce de toutes ces questions, je t'affranchis du souci d'y répondre. En effet je ne crains pas de voir personne convaincu que tu aies pu accomplir pour rien un forfait que nul autre n'aurait pu être entraîné à commettre à aucun prix. Mais je ne dis rien de ce système de vol et de rapine : c'est de ta gloire de général que maintenant je vais traiter.

VI **12** Que dis-tu, excellent gardien et défenseur de la

(1) *Nundinatio* signifiant vente à prix débattu sur place publique, ce mot fait sentir vivement combien Verrès, gouverneur de la Sicile, s'avilit à vendre des grâces comme un campagnard ses denrées, avec cette aggravation qu'un tel trafic est une forfaiture.

adesset; fuit nundinatio aliqua, et isti non noua, ne causam dicerent; etiam alter locus ut absoluerentur; damnatis quidem seruis quae praedandi po*test* esse ratio ? Produci ad supplicium necesse est. Testes enim sunt qui in consilio fuerunt, testes publicae tabulae, testis splendidissima ciuitas Lilybitana, testis honestissimus maximusque conuentus ciuium Romanorum; fieri nihil potest, producendi sunt. Itaque producuntur et ad palum alligantur. **11** Etiamnunc mihi exspectare uidemini, iudices, quid deinde factum sit, quod iste nihil umquam fecit sine aliquo quaestu atque praeda. Quid in eiusmodi re fieri potuit ? Quod commodum est, exspectate facinus quam uultis improbum; uincam tamen exspectationem omnium. Homines sceleris coniurationisque damnati, ad supplicium traditi, ad palum alligati repente, multis milibus hominum inspectantibus, soluti sunt et Triocalino illi domino redditi.

Quid hoc loco potes dicere, homo amentissime, nisi id quod ego non quaero, quod denique in re tam nefaria, tametsi dubitari non potest, tamen ne si dubitetur quidem, quaeri oporteat, quid aut quantum aut quomodo acceperis ? Remitto tibi hoc totum atque ista te cura libero. Neque enim metuo ne hoc cuiquam persuadeatur, ut ad quod facinus nemo praeter te ulla pecunia adduci potuerit, id *tu* gratis suscipere conatus sis. Verum de ista furandi praedandique ratione nihil dico, de hac imperatoria iam tua laude disputo. VI **12** Quid ais, bone custos defensorque prouinciae ?

10 potest *PQH* : posset *RS* ‖ et ad palum alligabantur *(sic) habet* ARVS. *K.* VII 457, 27.
11 tu *PQH* : tum *RS*.

province? Ces esclaves qui, tu l'avais établi par enquête, avaient voulu prendre les armes et faire la guerre en Sicile, et que par arrêt de ton conseil tu avais condamnés, ces esclaves livrés alors pour être suppliciés suivant la coutume des ancêtres (1), tu as osé les arracher des bras même de la mort et les mettre en liberté. C'était sans doute afin de réserver à des citoyens romains frappés sans jugement cette croix que tu avais plantée pour des esclaves jugés et condamnés ! Quand les États ont tout perdu, que la situation est alors désespérée de tout point, la marque de leur chute c'est que les condamnés recouvrent tous leurs droits, les prisonniers sont relâchés, les exilés rappelés, les jugements cassés ! Quand ces faits se produisent, tout le monde comprend que c'est l'écroulement de la cité où ils se passent ; nul ne garde aucun espoir de la sauver.
13 Et là où ces illégalités ont été commises, elles l'ont été pour affranchir du supplice ou de l'exil des hommes aimés du peuple et d'origine noble ; mais elles n'ont pas eu pour auteurs les juges eux-mêmes ; mais elles n'ont pas eu lieu tout de suite ; mais elles ne s'appliquaient pas à des condamnés de droit commun pour des faits donnant atteinte à la vie et aux biens de tous les citoyens. Au contraire, voici un attentat d'espèce nouvelle et qui peut s'expliquer moins par sa nature même que par le caractère du coupable ; ce sont des esclaves qui sont graciés, c'est par le juge qui les avait condamnés, c'est à l'instant même du supplice, ce sont des esclaves condamnés de droit commun pour un crime contre la personne et l'existence de tous les hommes libres.

14 O l'illustre général qu'il faut comparer à présent non pas à Manius Aquilius, ce héros de très grand cœur, mais bien aux Paul-Émile, aux Scipions et aux Marius ! Avoir été si prévoyant au milieu des craintes et des dangers de la province ! Voyant les esclaves prêts à se soulever en Sicile, à cause de la guerre des esclaves fugitifs en

(1) Voir Tite-Live I, 26 et II, 5 ; Tacite, Annales II, 5 fin. ; Suétone, *Claude* 34 ; *Néron* 49 ; *Domitien* 11. Le coupable était flagellé, puis décapité par la hache ; l'esclave était crucifié.

Tu quos seruos arma capere et bellum facere in Sicilia uoluisse cognoras, et de consilii sententia iudicaras, hos ad supplicium iam more maiorum traditos ex media morte eripere ac liberare ausus es, ut quam damnatis crucem seruis fixeras, hanc indemnatis uidelicet ciuibus Romanis reseruares. Perditae ciuitates, desperatis iam omnibus rebus, hos solent exitus exitialis habere, ut damnati in integrum restituantur, uincti soluantur, exules reducantur, res iudicatae rescindantur. Quae cum accidunt, nemo est quin intellegat ruere illam rem publicam, [haec ubi eueniant] nemo est qui ullam spem salutis reliquam esse arbitretur. **13** Atque haec sicubi *facta sunt, ita* facta sunt ut homines populares ac nobiles supplicio aut exilio leuarentur, a*t* non ab iis ipsis qui iudicassent, a*t* non statim, a*t* non eorum facinorum damnati quae ad uitam et ad fortunas omnium pertinerent. Hoc uero nouum et eiusmodi est ut magis propter reum quam propter rem ipsam credibile uideatur, ut homines seruos, ut ipse qui iudicarat, ut statim e medio supplicio dimiserit, ut eius facinoris damnatos seruos quod ad omnium liberorum caput et sanguinem pertineret. **14** O praeclarum imperatorem nec iam cum M'. Aquilio, fortissimo uiro, sed uero cum Paulis, Scipionibus, Mariis conferendum ! Tantumne uidisse in metu periculoque prouinciae ! Cum seruitiorum animos in Sicilia suspensos propter bel-

12 desperatis iam omnibus rebus *habet* ARVS. K. VII 467, 28 || quae — rem publicam *habet* NON. 379, 35 || iudicatae rescindantur *clausula inusitata* || haec ubi eueniant (-unt *RS*) *secl. Ernesti.*

13 facta sunt *add. uulg.* || ita om. *RS* || at non ab *Lambin* : ac non ab *codd.* || at non statim *Lambin* : ac non statim *codd.* || at non eorum *Lambin* : ac non eorum *codd.*

Italie, quelle terreur il inspira pour que nul n'osât bouger ! Il les fit saisir : qui n'eût senti peur profonde ? Il cita les maîtres : quoi de plus redoutable pour un esclave? Il déclare que « *le crime semble établi* (1) » ; il a l'air d'avoir éteint un incendie en versant le sang d'un petit nombre de victimes. Que se passe-t-il ensuite? Les coups de verges, les fers brûlants, et ces supplices suprêmes des condamnés, ces objets de crainte pour tous les autres, et la torture et la crucifixion? Ils sont exemptés de tous ces châtiments. Qui doute que les esprits des esclaves n'aient été accablés d'une extrême épouvante en voyant le préteur assez indulgent pour laisser racheter, par l'entremise du bourreau lui-même, la vie d'esclaves condamnés pour crime de conspiration?

VII 15 Eh quoi? N'as-tu pas agi de même à propos d'Aristodamus d'Apollonie, de Léon d'Imachara ? Eh quoi? ce mouvement des esclaves, ce soupçon soudain d'une guerre t'a-t-il donc donné activité pour la surveillance de la province ou nouveau prétexte à gain très malhonnête ? Euménidas d'Halycies, homme connu et honorable, ayant un intendant payé fort cher, qui, à ton instigation fut accusé, — tu as reçu du maître soixante mille sesterces (2). C'est lui-même qui naguère, sous la foi du serment, nous a appris comment tout s'était passé. Matrinius, chevalier romain, était à Rome : en son absence, alléguant tes soupçons contre ses intendants et ses bergers, tu lui as extorqué six cent mille sesterces. C'est ce qu'a déclaré Flavius, comptable de Matrinius, qui t'a payé cette somme ; c'est ce qu'a déclaré Matrinius lui-même ; c'est ce que déclare un homme de marque, le censeur Cn. Lentulus, qui, par considération pour Matrinius dans cette récente affaire, t'écrivit et prit soin de te faire écrire par d'autres.

(1) Les Romains avaient coutume d'employer pour la condamnation et pour les témoignages des formules de prudente réserve. Voir Tite-Live XXV, 4 ; Cic. *Pro Fonteio* 12 et *Acad.* I, XI, 47.

(2) Sous la République, le sesterce valait 0 fr. 21. Donc 60.000 s. = 12.000 fr. et 600.000 s. = 120.000 fr.

lum Italiae fugitiuorum uideret, nequis se commouere auderet, quantum terroris iniecit ! Comprendi iussit ; quis non pertimescat ? causam dicere dominos ; quid seruo tam formidolosum ? « Fecisse uideri » pronuntiat ; exortam uidetur flammam paucorum dolore ac morte restinxisse. Quid deinde sequitur ? Verbera atque ignes et illa extrema ad supplicium damnatorum, metum ceterorum, [et] cruciatus et crux. Hisce omnibus suppliciis sunt liberati. Quis dubitet quin seruorum animos summa formidine oppresserit, cum uiderent ea facilitate praetorem, ut ab eo seruorum sceleris coniurationisque damnatorum uita uel ipso carnifice internuntio redimeretur ?

VII 15 Quid ? hoc in Apolloniensi Aristodamo, quid ? in Leonte Imacharensi non idem fecisti ? Quid ? iste motus seruitiorum bellique subita suspicio utrum tibi tandem diligentiam custodiendae prouinciae an nouam rationem inprobissumi quaestus attulit ? Halicyensis Eumenidae, nobilis hominis et honesti, magnae pecuniae uilicus cum inpulsu tuo insimulatus esset, HS LX a domino accepisti, quod nuper ipse iuratus docuit quemadmodum gestum esset. Ab equite Romano C. Matrinio absente, cum is esset Romae, quod eius uilicos pastoresque tibi in suspicionem uenisse dixeras, HS DC abstulisti. Dixit hoc L. Flauius, qui tibi eam pecuniam numerauit, procurator C. Matrini, dixit ipse Matrinius ; *dicit* uir clarissimus Cn. Lentulus censor, qui Matrini honoris causa recenti negotio ad te litteras misit mittendasque curauit.

14 cruciatus *PQH* : et c. *RS* || ipso *PQH* : ipsa *RS*.
15 quid in — fecisti *habet* PRISC. *K.* II 220, 19 || dicit *Q* : dicet *PH om. RS*.

16 Eh quoi? peut-on passer sous silence ta conduite au sujet d'Apollonius de Palerme, fils de Dioclès, surnommé Géminus? Peut-on citer, dans toute l'étendue de la Sicile, fait plus notoire, plus inique, plus constant? Arrivé à Palerme, Verrès convoque ce personnage devant lui et du haut de son tribunal le fait venir en présence d'une grande foule et de très nombreux citoyens romains. Aussitôt les assistants de dire : « on s'étonnait de voir un homme riche comme Apollonius rester si longtemps à l'abri des atteintes de Verrès. Il a imaginé, inventé je ne sais quoi. Assurément ce n'est pas sans motif qu'un riche reçoit brusquement de Verrès une citation ». On attendait avec impatience l'événement, quand soudain accourt à moitié mort Apollonius lui-même avec son jeune fils ; car son père très âgé était retenu depuis longtemps dans son lit. **17** Verrès nomme un esclave qu'il disait être berger en chef ; il déclare que cet homme a conspiré et soulevé des groupes. Cet esclave n'existait absolument pas dans la maison d'Apollonius. Verrès ordonne de le produire tout de suite. Apollonius d'affirmer qu'il ne possède absolument aucun esclave de ce nom. Verrès le fait arracher du tribunal et jeter en prison. L'autre de crier, pendant qu'on l'entraînait, qu'il n'a rien fait, le malheureux ; qu'il n'a commis aucune faute ; qu'il a de l'argent en créances (1) ; qu'il n'en a pas de comptant. Au moment où, devant une très grande affluence, il protestait ainsi, pour faire comprendre à tous qu'il subissait un si violent passe-droit pour n'avoir pas donné d'argent, au moment précis, dis-je, où il parlait en criant de son argent, il fut jeté dans les fers.

VIII 18 Voyez la conduite conséquente du préteur et d'un préteur qu'en ces circonstances, on veut non pas défendre comme préteur médiocre, mais louer comme le

(1) Le créancier appelait sa créance *aes suum*, l'argent lui étant dû, ou *nomen*, le nom du débiteur étant inscrit, avec le chiffre de la somme prêtée, sur le registre du prêteur, *codex accepti et depensi* ou *tabulae*. Ce registre faisait foi en justice quand il était régulièrement tenu. Voir t. II, *De praet. urb.* XXIII.

16 Quid ? de Apollonio, Diocl*i* filio, Panhormitano, cui Gemino cognomen est, praeteriri potest ? Ecquid hoc tota Sicilia clarius, ecquid indignius, ecquid manifestius proferri potest ? Quem ut Panhormum uenit, ad se uocari et de tribunali citari iussit concursu magno frequentiaque conue*n*tus. Homines statim loqui : « mirabar quod Apollonius homo pecuniosus tam diu ab isto maneret integer ; excogitauit nescioquid, attulit ; profecto homo diues repente a Verre non sine causa citatur ». Exspectatio summa hominum quidnam id esset, cum exanimatus subito ipse accurrit cum adulescente filio ; nam pater grandis natu iam diu lecto tenebatur. **17** Nominat iste seruum quem magistrum pecoris esse dice*bat* ; eum dicit coniurasse et familias concitasse. Is omnino seruus in familia non erat. Eum statim exhiberi iubet. Apollonius adfirmare se omnino nomine illo seruum habere neminem. Iste hominem abripi a tribunali et in carcerem coici iubet. Clamare ille, cum raperetur, nihil se miserum fecisse, nihil commisisse, pecuniam sibi esse in nominibus, numeratam in praesentia non habere. Haec cum maxime summa hominum frequentia testificaretur, ut quiuis intellegere posset eum, quod pecuniam non dedisset, idcirco illa tam acerba iniuria affici ; cum maxime, ut dico, hoc de pecunia clamaret, in uincla coniectus est.

VIII **18** Videte constantiam praetoris, *et eius praetoris* qui in *h*is rebus non ita defendatur ut mediocris prae-

16 Diocli *PQH* : — lis *RS* || conuentus *PQH* : — uectus *RS* || isto maneret integer *clausula inusitata.*

17 Nominat hominem quem — dicebat *habet* SERV. *Aen.*, 7, 485 || quem — dicebat *ib.* 12, 717 || dicebat SERV. : — ret *codd.* || pecuniam — habere *habet* ARVS, *K.* VII 467, 4.

18 et eins practoris *om. RS* || his *PQH* : iis *RS*.

meilleur des généraux. Au moment où on craignait la guerre des esclaves, Verrès faisait subir aux maîtres qui n'avaient pas été condamnés le supplice dont il exemptait des esclaves condamnés. Apollonius, homme très opulent, qui, en cas de guerre des esclaves en Sicile, aurait perdu les plus grands biens, fut jeté dans les fers, sans avoir été entendu, sous couleur de guerre des esclaves. Quant aux esclaves que Verrès par arrêt de son conseil avait jugés coupables de conspiration en vue d'une guerre, ce fut sans arrêt de son conseil, de son autorité privée, qu'il les exempta de tout supplice. **19** Eh bien! si quelque acte coupable d'Apollonius lui a valu à bon droit un châtiment, irai-je soutenir qu'à mon avis il faut faire un grief et un sujet de haine contre l'inculpé d'avoir jugé cet homme avec trop de sévérité? Je ne serai pas si dur. Je n'imiterai pas la pratique ordinaire des accusateurs en incriminant un acte de clémence comme un acte de faiblesse et en dénonçant un châtiment sévère comme une haïssable cruauté. Je ne suivrai pas cette méthode, j'accepterai tes jugements, je défendrai ton autorité tant que tu le voudras (1). Aussitôt que toi-même auras commencé à casser tes arrêts, cesse de prendre feu contre moi ; car j'aurai bien le droit de prétendre que le magistrat qui a pu se condamner par son propre jugement doit bien être condamné par les suffrages des juges assermentés.

20 Non, pour ne point sembler casser ton jugement, je ne défendrai pas la cause d'Apollonius, bien qu'il soit mon ami et mon hôte (2) ; je ne dirai rien de ses bonnes mœurs, de son mérite, de sa vie active et laborieuse. Je ne répèterai pas ce que j'ai déjà dit (3), que ses biens consistaient en esclaves, en bétail, en métairies, en créances, de sorte que personne n'avait moins d'intérêt que lui à voir soulever en Sicile des troubles et une guerre. Je ne dirai pas

(1) Cicéron n'aura que plus de force pour relever et reprocher à Verrès les abus d'autorité.

(2) Un hôte devenait l'ami et, au besoin, le protecteur de celui qui l'avait reçu.

(3) Ch. VIII, 18.

tor, sed ita laud*e*tur ut optimus imperator. Cum seruorum bellum metueretur, quo supplicio dominos indemnatos adficiebat, hoc seruos damnatos liberabat. Apollonium, hominem locupletissimum, qui si fugitiui bellum in Sicilia facerent, amplissimas fortunas amitteret, belli fugitiuorum nomine, indicta causa, in uincla coniecit; seruos quos ipse de consili*i sententia* belli faciendi causa consensisse iudicauit, eos sine consilii sententia sua sponte omni supplicio liberauit. **19** Quid ? si aliquid ab Apollonio commissum est quamobrem in eum iure animaduerteretur, tamenne hanc rem sic agemus ut crimini aut inuidiae reo putemus esse oportere, siquo de homine seuerius iudicauerit ? Non agam tam acerbe ; non utar ista accusatoria consuetudine, siquid est factum clementer, ut dissolute factum criminer, siquid uindicatum est seuere, ut ex eo crudelitatis inuidiam colligam. Non agam ista ratione ; tua sequar iudicia, tuam defendam auctoritatem quoad tu uoles. Simulac tute coeperis tua iudicia rescindere, mihi suscensere desinito. Meo iure enim contendam eum qui suo iudicio damnatus sit, iuratorum iudic*um* sententiis damnari oportere. **20** Non defendam Apolloni causam, amici atque hospitis mei, ne tuum iudicium uidear rescindere ; nihil de hominis frugalitat*e*, uirtute, diligentia dicam ; praertermittam illud etiam de quo ante dixi, fortunas eius ita constitutas fuisse, familia, pecore, uillis, pecuniis creditis, ut nemini minus expediret ullum in Sicilia tumultum aut bellum commoueri ;

18 laudetur *PQH* : —datur *RS* || de consilii sententia *Lambin* : de consilio *RS* cum consilio *PQH*.
19 iudicum *PQH* : —cium *RS*.
20 frugalitate *PQH* : —tis *RS*.

même que, quand Apollonius eût été en faute, il n'eût cependant pas fallu châtier si rudement, sans l'avoir entendu, un homme très estimable et d'une très estimable [très grande] cité. **21** De haine contre toi je n'en exciterai pas même en rappelant qu'un tel homme étant retenu dans une prison obscure, sale et rebutante, tes arrêts tyranniques (1) n'ont pas permis à son père très âgé ni à son fils très jeune d'aller voir ce malheureux. Voici encore un point que je laisserai de côté : toutes les fois que tu es venu à Palerme, cette année-là et les six mois suivants (car Apollonius n'a pas passé moins de temps en prison), autant de fois le sénat de Palerme est venu te trouver comme un suppliant, avec les magistrats et les prêtres d'État (2), pour te prier et te conjurer de délivrer un jour enfin de cette rigoureuse épreuve ce malheureux et cet innocent. Je laisse tous ces faits : si je voulais y insister, je n'aurais pas de peine à montrer que ta cruauté envers les autres a fermé depuis longtemps tout accès à la pitié de tes juges.

IX **22** Tous ces faits, je te les passerai, je ne les retiendrai pas. Je prévois en effet ce que va dire Hortensius pour ta défense. Il reconnaîtra que devant Verrès la vieillesse d'un père, la jeunesse d'un fils, les larmes de l'un et de l'autre ont eu moins de pouvoir que l'intérêt et le salut de la province ; il dira que les affaires publiques ne peuvent être administrées sans recourir à la crainte et à la sévérité ; il demandera pourquoi les faisceaux sont portés devant les préteurs, pourquoi des haches leur sont données, pourquoi on a bâti une prison, pourquoi l'on a créé, comme nos ancêtres, tant de supplices contre les malfaiteurs. Quand il aura dit tout cela d'une voix grave et d'un air sombre, je demanderai pourquoi, sans avoir produit

(1) Les actes d'autorité ordonnés par le préteur, tels que les *interdicta*, étaient précédés toujours d'une *cognitio* (enquête).

(2) Quelle est l'estime de Verrès pour les magistrats et les représentants de la religion et comment il les traite, on a pu en juger en mainte occasion. Voir, par exemple, t. III, *De praet. Sicil.* XXI, 50 ; LI, 126-LII ; LIII ; t. IV, *de frum.* XL, 93 ; XLI, 95 ; t. V, *de signis*, XXXIV, 76 ; XXXV, 77-79 ; XL, 1.

non dicam ne illud quidem, si maxime in culpa fuerit Apollonius, tamen in hominem hones*tis*simae [maximae] ciuitatis honestissimum tam grauiter animaduerti causa indicta non oportuisse. **21** Nullam in te inuidiam ne ex illis quidem rebus concitabo, cum esset talis uir in carcere, in tenebris, in squalore, in sordibus, tyrannicis interdictis tuis, patri exacta aetate et adulescenti filio adeundi ad illum miserum potestatem numquam esse factam. Etiam illud praeteribo, quotienscumque Panhormum ueneris illo anno *et* sex mensibus (nam tam diu fuit Apollonius in carcere), totiens te senatum Panhormitanum adisse supplicem cum magistratibus sacerdotibusque publicis orantem atque obsecrantem ut aliquando ille miser atque innocens calamitate illa liberaretur. Relinquo haec omnia ; quae si uelim persequi, facile ostendam tua crudelitate in alios omnes tibi adi*tus* misericordiae iudicum iam pridem esse praeclusos. IX **22** Omnia tibi ista concedam et remittam. Prouideo enim quid sit defensurus Hortensius. Fatebitur apud istum neque senectutem patris neque adulescentiam filii neque lacrimas utriusque plus ualuisse quam utilitatem salutemque prouinciae ; dic*et* rem publicam administrari sine metu ac seueritate non posse ; quaeret quamobrem fasces praetoribus praeferantur, cur secures datae, cur carcer aedificatus, cur tot supplicia sint in improbos more maiorum constituta. Quae cum omnia grauiter seuereque dixerit, quaeram cur hunc eundem

20 honestissimae ciuitatis honestissimum *codd. rec.* : honessimae maximae c. honestissimum *RS* honestissimum c. honestissimae *PQH* || oportuisse *PQH* : —sset *RS*.
21 et sex *PQH* : ex sex *RS* || aditus *PQH* : —tur *RS*.
22 dicet *PQH* : dicit *RS*.

aucun fait nouveau, sans paraître s'être justifié, sans motif, ce même Apollonius a été élargi soudain sur l'ordre de ce même Verrès (1) ; et je déclarerai cette conduite si suspecte, sur ce point de l'accusation, que sans discuter je laisserai les juges conjecturer eux-mêmes combien ce genre de pillerie paraît être malhonnête, combien infâme, et combien sont énormes les gains qu'il procure sans mesure et sans fin.

23 Car les abus qu'il a commis au sujet d'Apollonius, apprenez d'abord en peu de mots quelle en est la quantité et l'importance ; puis pesez ces faits, évaluez en argent : vous trouverez que ces exactions ont été organisées si nombreuses à propos d'un homme riche entre tous, pour dresser, devant tous les autres, des sujets de craindre pareilles vexations et des exemples de dangers à courir. D'abord il y a une accusation capitale, soudaine et odieuse ; établissez à quel prix vous la taxez et combien de personnes s'en sont rachetées. Puis un procès sans accusateur ; un verdict sans réunion d'un tribunal ; une condamnation sans défense entendue ; mettez un prix à toutes ces manœuvres et songez que seul entre tous Apollonius s'est laissé engager dans ces iniquités, que tous les autres, en grand nombre assurément, se sont délivrés de ces vexations à prix d'argent. Enfin les ténèbres, les fers, la prison, le supplice d'être enfermé et privé de la vue des parents et des enfants, de l'air respiré librement et de la lumière, notre bien commun, toutes ces peines dont on peut bien se racheter, fût-ce en sacrifiant volontairement sa vie, je ne puis les évaluer en argent. **24** Apollonius s'en est racheté tard, alors qu'il était accablé de douleur et de misères ; mais pourtant il enseigna à tous les autres à prévenir l'avidité et la scélératesse de Verrès ; car en vérité qui de vous pensera qu'un homme très riche ait été choisi sans cause de chantage pour être l'objet d'une si invraisemblable accusation, ou qu'il ait été élargi soudain sans cette même cause, ou que ce genre de pillerie ait été appliqué à Apol-

(1) Cette brusque délivrance, après accusation de crime odieux, découvre assez le but de Verrès : faire chanter Apollonius.

Apollonium Verres idem repente, nulla re noua allata, nulla defensione, sine causa, de carcere emitti iusserit, tantumque in hoc crimine suspicionis esse adfirmabo, ut iam ipsis iudicibus sine mea argumentatione coniecturam facere permittam, quod hoc genus praedandi, quam inprobum, quam indignum quamque ad magnitudinem quaestus inmensum infinitumque esse uideatur. **23** Nam quae iste in Apollonio fecit, ea primum breuiter cognoscite quot et quanta sint, deinde haec expendite atque aestimate pecunia : reperietis idcirco haec in uno homine pecunioso tot constituta, ut ceteris formidines similium incommodorum atque exempla periculorum proponeret. Primum insimulatio est repentina capitalis atque inuidiosi criminis ; statuite quanti hoc putetis et quam multos redemisse. Deinde crimen sine accusatore, sententia sine consilio, damnatio sine defensione ; aestimate harum omnium rerum pretia et cogitate in his iniquitatibus unum haesisse Apollonium, ceteros profecto multos ex his incommodis pecunia se liberasse. Postremo tenebrae, uincla, carcer, inclusum supplicium atque *a* conspectu parentium ac liberum, denique a libero spiritu atque *a* communi luce seclusum ; haec uero quae uel uita redimi recte possunt, aestimare pecunia non queo. **24** Haec omnia sero redemit Apollonius iam maerore ac miseriis perditus, sed tamen ceteros docuit ante istius auaritiae scelerique occurrere, nisi uero existimatis hominem pecuniosissimum sine causa quaestus electum ad tam incredibile crimen aut sine eadem causa repente e carcere emissum, aut hoc praedandi genus ab isto

23 atque a *PQH* : atque *RS* || haec uero —queo *habet* ARVS. *K*. VII 450, 20-21.

lonius et essayé sur lui entre tous, sans que cet exemple soit allé porter et répandre la terreur chez tous les plus riches habitants de la Sicile?

Les opérations de Verrès.

X 25 Comme je parle de la gloire militaire de Verrès, je désire qu'il me mette lui-même sous les yeux les faits qui peuvent m'échapper. Car il me semble avoir parlé maintenant de tous ses exploits, de ceux du moins qui avaient trait à un soupçon de guerre des esclaves. De vrai, je n'ai rien omis volontairement. Vous connaissez les sages résolutions de cet homme, son activité, sa vigilance, la protection et la défense de la province. L'essentiel, c'est d'arriver à vous faire savoir, — car il y a plusieurs sortes de généraux, — à quelle sorte il appartient, pour que nul ne puisse plus longtemps, dans une si grande disette d'hommes de cœur, ignorer un tel général. Ne pensez ni à la prudence de Fabius Maximus, ni à la vivacité dans l'action du premier Africain, ni à la rare prévoyance du second, ni à la tactique savante de Paul Émile, ni à la fougue et à la vaillance de Marius ; c'est une autre sorte de général bien digne assurément d'être maintenue et conservée avec soin que je vous demande d'apprendre à connaître (1).

26 En premier lieu, pour les marches, qui sont bien certainement, juges, l'exercice le plus important dans l'art militaire et en Sicile le plus nécessaire, écoutez combien il se les est rendues faciles et agréables par sa méthode réfléchie et prudente. D'abord, dans la saison d'hiver, contre la rigueur du froid et la violence du mauvais temps et des torrents, voici le beau remède qu'il s'était inventé : il avait élu domicile à Syracuse dont la position et le climat sont tels, dit-on, que jamais, dans le plus grand désordre des éléments, aucun jour ne s'est passé sans qu'à quelque moment les hommes aient vu le soleil. C'est là que, pendant les mois d'hiver, notre excellent général vivait de telle

1. Ici comme naguère (VI, 14), les grands chefs évoqués par Cicéron sont autant de témoins qui parlent contre Verrès.

in illo uno adhibitum ac temptatum, et non per illum omnibus pecuniosissimis Siculis *metum* propositum et iniectum.

X **25** Cupio mihi ab illo, iudices, subici, quoniam de militari eius gloria dico, siquid forte praetereo ; nam mihi uideor iam de omnibus rebus eius gestis dixisse, quae quidem ad belli fugitiuorum suspicionem pertinerent ; certe nihil sciens praetermisi. Habetis hominis consilia, diligentiam, uigilantiam, custodiam defensionemque prouinciae. Summa illuc pertinet ut sciatis, quoniam plura genera sunt imperatorum, ex quo genere iste sit, nequi diutius in tanta penuria uirorum fortium talem imperatorem ignorare possit. Non ad Q. Maximi sapientiam neque ad illius superioris Africani in re gerunda celeritatem neque ad huius qui postea fuit singulare consilium, neque ad Pauli rationem ac disciplinam neque ad Gai Mari uim atque uirtutem. Sed aliud genus imperatoris sane diligenter retinendum et conseruandum, quaeso, cognoscite. **26** Itinerum primum laborem, qui uel maximus est in re militari, iudices, et in Sicilia maxime necessarius, accipite quam facilem sibi iste et iucundum ratione consilioque reddiderit. Primum temporibus hibernis ad magnitudinem frigorum et tempestatum uim ac fluminum praeclarum hoc sibi remedium compar*ar*at. Vrbem Syracusas elegerat, cuius hic situs atque haec natura esse loci caelique dicitur ut nullus umquam dies tam magna ac turbulenta tempestate fuerit quin aliquo tempore eius diei solem homines uiderint. Hic ita uiuebat iste bonus imperator hibernis mensibus

24 metum *om. RS.*
26 comparарат *Lambin* : comparat *RS* comparet *PQH.*

manière que jamais personne ne le voyait aisément hors de son logis ni même hors de son lit. C'est ainsi que la courte durée du jour était remplie tout entière par des festins et la longueur des nuits par des débauches et des scandales.

27 Au début du printemps — — et il ne le faisait pas commencer avec les premiers souffles du Favonius ou le mouvement de quelque constellation, mais c'était quand il avait vu fleurir la rose qu'à ses yeux arrivait le printemps, — il se livrait à la fatigue des marches : il y montrait tant d'endurance et d'activité que personne jamais ne le vit à cheval. XI En effet, suivant la coutume des rois de Bithynie, c'était sur une litière à huit porteurs qu'il voyageait, appuyé sur un coussin en tissu de Malte, transparent, bourré de roses (1). Lui-même avait une couronne sur la tête, une seconde au cou et il approchait de son nez un filet de la plus fine toile, à mailles serrées, tout plein de roses. La marche effectuée dans ces conditions, une fois arrivé dans quelque ville, c'était dans la même litière qu'il se faisait transporter jusqu'en sa chambre (2). Là venaient les magistrats Siciliens, là se présentaient des chevaliers romains, comme vous l'avez entendu déclarer à beaucoup de témoins, sous la foi du serment ; les litiges lui étaient soumis à huis clos ; peu après, tout ouvertement étaient emportées de là les décisions. Puis après avoir donné quelques moments à rendre la justice en sa chambre au poids de l'or et non d'après l'équité, c'était alors à Vénus et à Bacchus qu'il croyait devoir consacrer le reste de son temps. **28** Ici je ne dois pas passer sous silence, il me semble, la remarquable [préture] et l'originale activité de cet illustre général ; car, sachez-le bien, il n'y a pas en Sicile une seule des villes

1. La litière était un lit portatif d'origine orientale. Il fallait qu'un général fût malade ou blessé pour en user (tel Scipion à la bataille d'Auringis, voir T. Live XXIV, 42). Sous la République, ce moyen de transport était employé surtout par les infirmes, les vieillards et les femmes. Les hommes ne s'en servaient que par nécessité, ou parfois pour voyager ou à la campagne.

(2) Voir *de Signis*, t. V, XXIII, 51.

ut eum non facile non modo extra tectum, sed ne extra lectum quidem quisquam uiderit. Ita diei breuitas conuiuiis, noctis longitudo stupris et flagitiis continebatur.

27 Cum autem uer esse coeperat, cuius initium iste non a Fauonio neque ab aliquo *a*stro notabat, sed cum rosam uiderat, tum incipere uer arbitrabatur, dabat se labori atque itineribus. In quibus eo usque se praebebat patientem atque impigrum, ut eum nemo umquam in equo sedentem uiderit. XI Nam, ut mos fuit Bithyniae regibus, lectica octaphoro ferebatur, in qua puluinus erat perlucidus Melitensis, rosa *f*artus. Ipse autem coronam habebat unam in capite, alteram in collo reticulumque ad naris sibi admouebat tenuissimo lino, minutis maculis, plenum rosae. Sic confecto itinere, cum ad aliquod oppidum uenerat, eadem lectica usque in cubiculum deferebatur. Eo ueniebant Siculorum magistratus, *ueniebant* equites Romani, id quod ex multis iuratis audistis. Controuersiae secreto deferebantur, paulo post palam decreta auferebantur. Deinde ubi paulisper in cubiculo pretio, non aequitate iura d*i*scripserat, Veneri iam et Libero relicuum tempus deberi arbitrabatur. **28** Quo loco non [praetura] mihi praertermittenda uidetur praeclari imperatoris egregia ac singularis diligentia. Nam scitote oppidum

26 uiderit *CFW Mueller* : — ret *codd.*
27 astro *ed. Ascens.* : austro *codd.* || nam, ut mos est, lectica octaforo ferebatur *habet* SCHOL. IVV. 6, 351 || puluinus — fartus *habet* ARVS. *K.* VII 475, 12 || rosa fartus *cet.* : rosaeartus *RS* || rosa fartus *clausula inusitata* || reticulumque —lino *habet* NON. 411, 28 || reticulumque—rosae *habent* NON. 141, 16; 221, 35; 350, 14 *et* ANON. *H.* 73, 22 || plenum rosae *clausula inusitata* || ueniebant *om. RS* || discripserat *Halm* : de —*codd.*
28 mihi *PQH* : praetura mihi *RS*.

où les préteurs ont coutume de s'arrêter et de tenir leurs assises, pas une, dis-je, où dans quelque famille très noble il ne choisît une femme pour ses plaisirs. Quelques-unes dans le nombre étaient amenées publiquement à son banquet ; quelques-unes étaient-elles plus réservées, elles venaient au moment propice pour éviter le grand jour et la réunion. Et ces banquets avaient lieu non pas dans le silence qui sied aux préteurs et aux généraux du peuple romain, ou avec la retenue qui caractérise d'ordinaire les banquets des magistrats, mais au milieu des cris les plus violents et du vacarme ; parfois même on en venait aux mains et aux coups. En effet, ce préteur austère et actif, lui qui n'avait jamais obéi aux lois du peuple romain, se pliait exactement à celles qui étaient établies pour la boisson (1). En conséquence, à la fin, l'un était emporté hors du banquet comme d'un champ de bataille entre les bras des esclaves ; l'autre était laissé pour mort ; beaucoup restaient étendus sans connaissance et privés de sentiment, si bien que, devant ce spectacle, tout assistant aurait cru voir non pas un banquet de préteur, mais la bataille de Cannes de la débauche.

XII **29** Mais quand venait le fort de l'été, saison que tous les préteurs de Sicile ont toujours eu l'habitude d'employer à des tournées, pensant que la province doit être visitée surtout au moment où les blés sont sur les aires (2), car les serviteurs sont rassemblés, le grand nombre des esclaves peut se compter, le travail de l'exploitation saute le plus aux yeux, l'abondance de la récolte se révèle, la température ne gêne pas, — alors dis-je, que tous les autres préteurs sont en courses, notre général d'un nou-

(1) Les convives désignaient un roi, le plus grand buveur, et buvaient autant qu'il le leur imposait. Voir t. II, *de praet. urb.*, 66 et note 1, p. 155.

(2) C'était sur l'aire, « c'est-à-dire à l'endroit le plus commode pour l'évaluation de rendement », que se concluait l'accord entre le cultivateur et le décimateur, fermier qui, après adjudication, avait charge de recueillir la dîme (voir t. IV, *de frum.*, notice p. VII).

esse in Sicilia nullum ex *iis* oppidis in quibus consistere praetores et conuentum agere soleant, quo in oppido non isti ex aliqua familia non ignobili delecta ad libidinem mulier esset. Itaque nonnullae ex eo numero in conuiuium adhibebantur palam ; siquae castiores erant, ad tempus ueniebant, lucem conuentumque uitabant. Erant autem conuiuia non illo silentio populi Romani praetorum atque imperatorum neque eo pudore qui in magistratuum conuiuiis uersari soleat, sed cum maximo clamore atque conuicio ; nonnumquam etiam res ad pugnam atque ad manus uocabatur. Iste enim praetor seuerus ac diligens, *qui* populi Romani legibus numquam paruisset, illis legibus quae in poculis ponebantur diligenter obtemperabat. Itaque erant exitus eiusmodi ut alius inter manus e conuiuio tamquam e proelio auferretur, alius tanquam occisus relinqueretur, plerique ut fusi sine mente ac sine ullo sensu iacerent, ut quiuis cum aspexisset, non [ut] se praetoris conuiuium, sed [ut] Cannensem pugnam nequitiae uidere arbitraretur.

XII **29** Cum uero aestas summa esse coeperat, quod tempus omnes Siciliae semper praetores in itineribus consumere consuerunt, propterea quod tu*m* putant obeundam esse maxime prouinciam, cum in areis frumenta sunt, quod et familiae congregantur et magnitudo seruitii perspicitur et labor operis maxime offendit, frumenti copia commonet, tempus anni non impedit, tum, inquam, cum concursant ceteri praetores, iste

28 iis *codd. rec.* : his *nostri* || delecta *PQH* : di — *RS* || qui *om. RS* || fusi — iacerent *habet* NON. 312, 35 || non *PQH* : non ut *RS* || sed *Lambin* : sed ut *codd.*
29 tum *PQH* : tunc *RS*.

veau genre se faisait un camp fixe à l'endroit le plus beau de Syracuse. **30** Car c'est à l'entrée même et à l'ouverture du port, à l'endroit où en s'éloignant du large le rivage commence à s'infléchir et se creuse dans la direction de la ville, qu'il plaçait ses tentes couvertes de voiles du lin le plus fin. C'est là qu'au sortir de ce palais prétorial, qui fut celui du roi Hiéron, il s'établissait si bien à demeure qu'en ces jours-là nul ne pouvait le voir hors de cette résidence. L'accès en cet endroit était permis seulement à qui pouvait être le complice ou le serviteur de ses débauches. Là venaient à la fois toutes les femmes avec qui il avait liaison, et il y en avait à Syracuse une quantité invraisemblable. Là se rendaient des hommes dignes de son amitié, dignes de prendre part à cette existence et à ces banquets. Parmi les hommes et les femmes de ce caractère, se trouvait ordinairement son fils déjà grand, de sorte que, même si la nature l'entraînait à ne pas ressembler à son père, l'habitude et l'éducation reçue ne laissaient pas de le forcer à lui ressembler. **31** Là, Tertia la bien connue, enlevée par ruse et par embûches à un joueur de flûte Rhodien, causa, dit-on, les plus grands troubles dans le camp de ce général, quand l'épouse du Syracusain Cléomène, femme de haute condition (1), et aussi l'épouse d'Æschrion, issue d'une bonne famille, s'indignaient et ne pouvaient souffrir que la fille du mime Isidore vînt en leur compagnie. Mais notre Hannibal, en homme qui croyait qu'il fallait en son camp rivaliser de mérite et non pas de noblesse, chérit cette Tertia au point de l'emmener avec lui en quittant la province. XIII Pendant les journées où, vêtu d'un manteau de pourpre et d'une tunique tombant jusqu'aux talons, il passait le temps à banqueter avec des femmes, les hommes ne se plaignaient pas *à son sujet* et souffraient sans peine que le magistrat fût absent du

(1) Elle s'appelait Nicé ; l'épouse d'Aeschrion, Pipa. Voir ch. XXXI. Sur Cléomène, Aeschrion et leurs femmes, voir t. III *de praet. sicil.* Notice, p. 9 et ch. XIV, 36, XLVII, 116 et t. IV, *de frum.* XXXIII, 77. Pour Tertia, voir t. IV, XXXIV, 78.

nouo quodam genere imperator pulcherrimo Syracusarum loco statiua sibi castra faciebat. **30** Nam in ipso aditu atque ore portus, u*bi* primum ex alto sinus ab litore ad urbem inflectitur, tabernacula carbaseis intenta uelis conlocabat. Huc ex illa domo praetoria, quae regis Hieronis fuit, sic emigrabat ut eum per illos dies nemo extra illum locum uidere posset. In eum autem ipsum locum aditus erat nemini, nisi qui aut socius aut minister libidinis esse posset. Huc omnes mulieres, quibuscum iste consuerat, conueniebant, quarum incredibile est quanta multitudo fuerit Syracusis; huc homines digni istius amicitia, digni uita illa conuiuiisque ueniebant. Inter eiusmodi uiros et mulieres adulta aetate filius uersabatur, ut eum etiamsi natura a parentis similitudine abriperet, consuetudo tamen ac disciplina patris similem esse cogeret. **31** Huc Tertia illa perducta per dolum atque insidias ab Rhodio tibicine maximas in istius castris effecisse dicitur turbas, cum indigne pateretur uxor Cleomenis Syracusani nobilis mulier itemque uxor Aeschrionis, honesto loco nata, in conuentum suum mimi Isidori filiam uenisse. Iste autem Hannibal qui in suis castris uirtute putaret oportere, non genere certari, sic hanc Tertiam dilexit ut eam secum ex prouincia deportaret. XIII Ac per *e*os dies cum iste cum pallio purpureo *tal*arique tunica uersaretur in conuiuiis muliebribus, non offendebantur

30 Nam —portus *habet* NON. 459, 20 || in — portus *habet* NON. 237, 42 || ubi *codd. rec.* : ut *nostri* || tabernacula — conlocabat *habet* NON. 329, 35 et 541, 18 || similem esse cogeret *clausula inusitata.*

31 eos *PQH* : hos *RS* || cum —ferebant *habet* NON. 358, 32 || talarique *Navigero* : parique *codd.* NON. || muliebribus *codd.* : cum mulieribus NON.

Forum, que la justice ne fût pas rendue, que les procès ne fussent pas jugés, que toute cette partie du rivage retentît des voix des femmes et de la musique d'un orchestre, que le plus grand silence régnât au Forum, privé de plaidoiries et de débats judiciaires ; car ce n'étaient pas le droit et la justice qui semblaient loin du Forum, mais la violence, la cruauté, l'âpre et inique pillage des biens.

32 Voilà l'homme dont tu fais, Hortensius, un grand général? Ce sont ses vols, ses rapines, sa sensualité, sa cruauté, sa tyrannie, sa scélératesse, son audace, que tu veux couvrir de la grandeur de ses exploits et de sa gloire militaire ? Ici sans doute il faut craindre de voir à la fin de ton plaidoyer suivre l'ancien système oratoire et l'exemple d'Antoine (1), faire se dresser Verrès, mettre à nu sa poitrine, montrer au peuple romain ses cicatrices, des morsures de femmes, marques de sa débauche et de son infamie. **33** Plaise aux dieux que tu oses mentionner son talent militaire et sa conduite à la guerre ! On connaîtra en effet tous ses anciens états de services et vous comprendrez en conséquence quel homme il a été non seulement comme général en chef, mais encore comme sous-ordre (2). On fera revivre cette première campagne où il avait coutume d'être racolé hors du Forum et non pas d'être recherché comme il s'en vante. On rappellera ce camp de joueurs établi chez un tenancier originaire de Plaisance, où le jeune soldat, toujours présent au corps, se trouvait pourtant privé de solde ; on citera les nombreuses pertes de jeu qu'il faisait dans ses campagnes et qu'il réparait et compensait en trafiquant de sa jeunesse.

34 Maintenant, après avoir enduré une telle infamie, après y être devenu insensible en dégoûtant les autres sans se dégoûter soi-même, que fut-il à l'âge d'homme, quels remparts et quels forts de la retenue et de la chasteté

(1) Voir I, 3.

(2) *Stipendium*, pour *stipi-pendium*, signifiait le payement de la *stips*, pièce de monnaie employée pour la solde militaire. Inutile de préciser les services tout spéciaux de Verrès. Pour ses goûts contre nature, voir t. II, *de praet. urb.* XXIV, 62.

homines *in eo* neque moleste ferebant abesse *a* foro magistratum, non ius dici, non iudicia fieri; locum illum litoris percrepare totum mulierum uocibus cantuque symphoniae, in foro silentium esse summum causarum atque iuris non ferebant homines moleste. Non enim ius abesse uidebatur a foro neque iudicia, sed uis et crudelitas et bonorum acerba et indigna direptio.

32 Hunc tu igitur imperatorem esse defendis, Hortensi? Huius furta, rapinas, cupiditatem, crudelitatem, superbiam, scelus, audaciam, rerum gestarum magnitudine atque imperatori*i*s laudibus tegere conaris? Hic scilicet est metuendum ne ad exitum defensionis tuae uetus illa Antoniana dicendi ratio atque auctoritas proferatur, ne excitetur Verres, ne denudetur a pectore, ne cicatrices populus Romanus aspiciat, ex mulierum morsu uestigia libidinis atque nequitiae. **33** Di faciant ut rei militaris, ut belli mentionem facere audeas! Cognoscentur enim omnia istius aera illa uetera, ut non solum in imperio, uerum etiam in stipendiis qualis fuerit intellegatis. Renouabitur prima illa militia, cum iste e foro abduci, non, ut ipse praedicat, perduci solebat; aleatoris Placentini castra commemora*bu*ntur, in quibus cum frequens fuisset, tamen aere dirutus est; multa eius in stipendiis damna proferentur quae ab isto aetatis fructu dissoluta et compensata sunt. **34** Iam uero cum in eiusmodi patientia turpitudinis aliena, non sua satietate obduruisset, qui uir fuerit, quot

31 in eo *PQH* NON. *om.* *RS* || a foro *Q* : foro *cet.* || locum — symphoniae *habet* NON. 255, 8 || mulierum *codd.* : muliebribus NON.

32 imperatoriis *QH*[2] : —ris *cet.*

33 commemorabuntur *PQH* : commemorantur *RS*.

emporta-t-il par sa violence et son audace, ai-je à le dire et en rappelant ses scandales à déshonorer par surcroît quelques familles? Je ne le ferai point, juges. Je laisserai de côté tout le passé ; sans porter atteinte à l'honneur de personne, je n'exposerai que deux faits récents, qui vous permettront de vous représenter tout le reste. Le premier était bien manifeste et notoire : pas de campagnard venu de son municipe à Rome comparaître en justice, qui fût assez provincial pour ignorer que, sous le consulat de L. Lucullus et de M. Cotta (1), tous les arrêts du préteur urbain étaient réglés par le bon plaisir et le caprice de la petite courtisane Chélidon (2). Le second, c'est qu'une fois sorti de la ville, revêtu du manteau des généraux, après avoir formé les vœux solennels pour l'exercice de son commandement et pour l'intérêt de la République, il avait coutume, la nuit, de se faire ramener en ville dans sa litière pour vaquer à son commerce chez une femme mariée à un seul, livrée à tous et pour outrager ainsi la religion, les auspices, toutes les prescriptions divines et humaines.

Conscience de Cicéron.

XIV 35 Dieux immortels ! Quelle différence entre les dispositions morales et les pensées des hommes ! Puisse votre opinion et celle du peuple romain approuver mes intentions et les espérances du reste de ma vie, s'il est vrai que les magistratures à moi confiées jusqu'à présent par le peuple romain je les ai exercées en me croyant comme lié à votre égard par toutes sortes de devoirs sacrés ! Nommé questeur, j'ai tenu cette charge non pour un don, mais surtout pour une dette et un dépôt. J'ai exercé la questure dans la province de Sicile avec la pensée que tous les yeux étaient fixés sur moi, avec l'opinion que ma questure et ma personne étaient comme en spectacle à l'univers et avec la volonté de refuser toujours je ne dis pas à ces passions désordonnées dont nous sommes témoins, mais même à la nature et au besoin toutes les satisfactions qui paraissent

(1) En 74 avant J.-C.
(2) Voir pour Chélidon, t. V, *de Signis* IV, 7, note 1.

praesidia, quam munita pudoris et pudicitiae ui et audacia ceperit, quid me attinet dicere ac coniungere cum istius flagitio cuiusquam praeterea dedecus ? Non faciam, iudices ; omnia uetera praetermittam ; duo sola recentia sine cuiusquam infamia ponam, ex quibus coniecturam facere de omnibus possitis, unum illud, quod ita fuit inlustre notumque omnibus, ut nemo tam rusticanus homo L. Lucullo [et] M. Cotta consulibus Romam ex ullo municipio uadimonii causa uenerit quin sciret iura omnia praetoris urbani nutu atque arbitrio Chelidonis meretriculae gubernari, alterum, quod, cum paludatus exisset uotaque pro imperio suo communique re publica nuncupasset, noctu stupri causa lectica in urbem introferri solitus est ad mulierem nuptam uni, propositam omnibus contra fas, contra auspicia, contra omnis diuinas atque humanas religiones.

XIV **35** O di immortales ! quid interest inter mentes hominum et cogitationes ! Ita mihi meam uoluntatem spemque reliquae uitae uestra populique Romani existimatio comprobet, ut ego quos adhuc mihi magistratus populus Romanus mandauit, sic eos accepi ut me omnium officiorum obstringi religion*e* arbitr*ar*er ! Ita quaestor sum factus ut mihi illum honorem t*u*m non solum datum, sed etiam creditum et commissum putarem. Sic obtinui quaesturam in Sicilia prouincia ut omnium oculos in me unum coniectos esse arbitrarer, ut me quaesturamque meam quasi in aliquo terrarum orbis theatro uersari existimarem, ut semper omni*a* quae iucunda uidentur esse, ea non modo his extraor-

34 M. *PQH* : et M. *RS*.
35 religione *PQH* : —ni *RS* || arbitrarer *PQH* : arbitrer *RS* || tum *PQH* : tuum *RS* || omnia *PQH* : omni *RS*.

agréables. **36** A présent je suis édile désigné : je me rends compte de la mission que j'ai reçue du peuple romain ; c'est moi qui dois donner avec soin et respect religieux des jeux très sacrés en l'honneur de Cérès, de Bacchus et de Proserpine ; c'est moi qui, en célébrant les jeux, dois rendre bienveillante Flora protectrice, en faveur du peuple et de la plèbe de Rome ; c'est moi qui dois organiser très dignement, avec une solennité religieuse, les jeux les plus anciens, les premiers qui aient été appelés romains en l'honneur de Jupiter, de Junon et de Minerve ; c'est à moi qu'a été confiée l'administration des monuments sacrés et la police de la ville dans toute son étendue. Pour ces travaux et ces soucis, voici les avantages qui me sont conférés : un droit de priorité pour le vote dans le Sénat, la toge prétexte, la chaise curule, le droit d'avoir mon image pour transmettre mon souvenir à la postérité. **37** Bien que ces honneurs accordés par le peuple me soient très agréables, juges, — et puissent tous les dieux m'être propices ! — tous ces privilèges me causent cependant moins de plaisir que de souci et de peine, dans la pensée que cette édilité doit paraître non pas donnée à un candidat quelconque par nécessité, mais bien attribuée par le suffrage du peuple et placée en lieu sûr, parce que c'était une obligation morale.

Manque de conscience de Verrès.

XV **38** Et toi, quand tu as été proclamé préteur — par quels moyens je ne veux pas le rechercher (je passe, je laisse de côté ce qui s'est fait alors), — mais enfin une fois proclamé, comme je l'ai dit, la voix du héraut (1), qui a publié tant de fois que les centuries des anciens et des jeunes te décernaient cet honneur, ne t'a pas réveillé, ne t'a pas fait penser qu'une partie de la république t'était confiée, que pendant cette année entre toutes tu ne devais pas fréquenter la maison d'une courtisane? Quand le sort t'eut désigné

(1) Il proclamait le résultat après le vote de chacune des 193 centuries. Les anciens étaient les hommes de 45 à 60 ans ; les jeunes, ceux de 17 à 45.

dinariis cupiditatibus, sed etiam ipsi naturae ac necessitati denegarem. **36** Nunc sum designatus aedilis ; habeo rationem quid a populo Romano acceperim ; mihi ludos sanctissimos maxima *cum* cura et caerimonia Cereri, Libero Liberaeque faciundos, mihi Floram matrem populo plebique Romanae ludorum celebritate placandam, mihi ludos antiquissimos qui primi Romani appellati sunt, cum dignitate maxima et religione Ioui, Iunoni Mineruaeque esse faciundos, mihi sacrarum aedium procurationem, mihi totam urbem tuendam esse commissam ; ob earum rerum laborem et sollicitudinem fructus illos datos, antiquiorem in senatu sententiae dicendae locum, togam praetextam, sellam curule*m*, *i*us imaginis ad memoriam posteritatemque prodenda*e*. **37** Ex his ego omnibus rebus, iudices, ita mihi omnis deos propitios uelim, *ut tametsi* mihi iucundissimus est honos populi, tamen nequaquam capio tantum uoluptatis quantum et sollicitudinis et laboris, ut haec ipsa aedilitas non quia necesse fuerit, alicui candidato data, sed quia sic oportuerit, recte conlocata et iudicio populi in loco esse posita uideatur.

XV **38** Tu cum esses praetor renuntiatus quoquo modo (mitto enim et praetereo quid tum sit actum), sed cum esses renuntiatus, ut dixi, non ipsa praeconis uoce excitatus es, qui te totiens seniorum iuniorumque centuriis illo honore adfici pronuntiauit, ut hoc putare*s* aliquam rei publicae partem tibi creditam, annum tibi

36 cum *PQH* : tum *RS* || sententiae —prodendam *habet* NON. 541, 22 || curulem ius NON. *PQH.* : curulentus *RS* || ius — prodendam *habet* NON. 363, 35 || prodendae *Gronove* : —dam *codd.*
37 ut tametsi *PQH* : etiamsi *RS.*
38 putares *PQH.* — ret *RS.*

pour rendre la justice (1), n'as-tu jamais réfléchi à la grandeur du service public dont la charge pesait sur toi ? Tu ne t'es pas rendu compte, si d'aventure tu pouvais sortir d'engourdissement, que cette fonction, difficile à remplir avec une sagesse et une intégrité particulières, était tombée sur le plus fou et le plus dépravé des hommes ? Aussi n'as-tu pas voulu fermer ta demeure à Chélidon pendant ta préture, et même c'est dans la demeure de Chélidon que tu as transporté ta préture tout entière (2). **39** Ensuite la province de Sicile te fut assignée. Jamais il ne t'est venu à la pensée que les faisceaux, les haches, la puissance si grande du commandement en chef, des attributs si imposants ne t'avaient pas été donnés pour briser par cette force et cette autorité toutes les barrières de l'honneur et du devoir, pour te faire tenir les biens de tous comme ta proie, pour qu'aucune fortune ne pût être soustraite à ta prise, aucune maison fermée devant toi, aucune vie à l'abri de tes coups, aucune pudeur protégée contre ta convoitise et ton audace ; et tu t'es conduit là de telle sorte que, convaincu par tous les faits, tu recours à l'argument de cette guerre des esclaves fugitifs comme à un refuge. Tu comprends à présent qu'il n'en est sorti pour toi aucune défense et même que les accusations contre toi y ont gagné la plus grande force. Ou bien peut-être mettras-tu en avant les derniers vestiges de la guerre des esclaves en Italie et l'affaire désagréable de Tempsa (3) ; alors que ces troubles venaient d'avoir lieu, la fortune t'amenait fort à propos, si tu avais eu quelque peu de vaillance et d'activité ; mais tu es apparu tel que tu as toujours été.

XVI **40** Les habitants de Valentia (4) étant venus vers toi et Manius Marius, personnage éloquent et bien connu, te

(1) Comme préteur urbain. Voir dans le t. II le *de praet. urb.*

(2) Voir t. II *de praet. urb.* XLI, 104, 106 ; LI, 136 ; LII, 137, 138 ; LIII, 138, 139 ; t. III, *de praet. sicil,* XVI, 39 ; t. IV, *de frum.* XXXIV, 78 ; t. V, *de signis* IV, 7 ; XXXII, 71 ; LV, 123.

(3) Les survivants de l'armée de Spartacus s'étaient réfugiés dans cette ville du Bruttium.

(4) Dans le Bruttium aussi, en face de Tempsa.

illum unum domo carendum esse meretricis ? Cum tibi sorte obtigisset uti ius diceres, quantum negotii, quid oneris haberes numquam cogitasti ? Neque illud rationis habuisti, si forte *te* expergefacere posses, eam prouinciam quam tueri singulari sapientia atque integritate difficile esset, ad summam stultitiam nequitiamque uenisse ? Itaque non modo a domo tua Chelidonem in praetura excludere noluisti, sed in Chelidonis domum praeturam totam detulisti. **39** Secuta prouincia est. In qua numquam tibi uenit in mentem non tibi idcirco fasces ac secures et tantam imperii uim tantamque ornamentorum omnium dignitatem datam, ut earum rerum ui et auctoritate omnia repagula pudoris officiique perfringeres, ut omnium bona praedam tuam duceres, ut nullius re*s* *t*uta, nullius domus clausa, nullius uita saepta, nullius pudicitia munita contra tuam cupiditatem et audaciam posset esse ; in qua tu te ita gessisti ut, omnibus cum teneare rebus, ad bellum fugitiuorum confugias, ex quo iam intellegis non modo nullam tibi defensionem, sed maximam uim crimin*um* exortam ; nisi forte Italici fugitiuorum belli reliquias atque illud Tempsanum incommodum proferes, ad quod recens cum te peropportune fortuna attulisset, siquid in te uirtutis aut industriae habuisses, idem qui semper fueras inuentus es.

XVI **40** Cum ad te Valentini uenissent et pro his homo disertus ac nobilis M' Marius *lo*queretur, ut

38 te expergefacere *Peterson* : experge te facere *PQH, sed in P cum signo transpositionis* experge facere te *codd. rec.* expergefacere *RS.*

39 res tuta *PQH* : restituta *RS* || criminum *(clausula melior) PQH* : —nis *RS.*

40 loqueretur *PQH* : queretur *S* quaereretur *R.*

demandant en leur nom de prendre l'affaire en main et, puisque tu as le titre et le pouvoir de préteur, de te mettre à leur tête et de marcher le premier pour écraser cette petite troupe d'ennemis, tu t'y es refusé ; de plus à ce moment même, sur le rivage où tu te trouvais, Tertia ta chère amie, que tu avais transportée avec toi, paradait sous les yeux de tout le monde. Enfin aux députés de Valentia, aux habitants d'un municipe si brillant et renommé, tu as répondu sur de si importantes questions, tout accoutré d'une tunique de laine brune (1) et d'un manteau grec.

Au départ de Rome, dans sa province même, quelle fut, à votre avis, la conduite de cet homme qui, à présent, s'éloignant de sa province pour aller non au triomphe, mais au tribunal, n'a pas même évité un déshonneur où il se plongeait sans aucun plaisir? **41** O murmure prophétique du Sénat assemblé dans le temple de Bellone ! Vous vous le rappelez, juges, le soir tombait, un peu auparavant on avait appris la nouvelle de cette affaire désagréable de Tempsa ; on ne trouvait personne à envoyer en ces lieux avec le pouvoir suprême, ce fut alors que quelqu'un s'écria : « Verrès n'est pas loin de Tempsa. » Avec quelle force toute la salle protesta, avec quelle franchise les premiers orateurs s'élevèrent là contre ! Et confondu par ce si grand nombre d'accusations et de dépositions, il place quelque espoir dans le suffrage de ceux qui à l'unanimité, ouvertement, avant l'instruction de l'affaire, l'ont condamné par leurs voix !

Verrès et les pirates.

XVII **42** Soit, dira-t-on. De la guerre des esclaves fugitifs ou d'un semblant de guerre, Verrès n'a pas tiré la moindre gloire, parce qu'en Sicile il n'y a eu ni guerre de ce genre, ni danger de guerre et qu'il n'a pas avisé à empêcher un tel mal. Mais en revanche dans la guerre des pirates, il a équipé une flotte et montré une activité toute particulière, et, en conséquence, il a brillamment défendu la province.

(1) Vêtement des esclaves et du petit peuple, par conséquent indigne d'un grand chef.

negotium susciperes, ut, cum penes te praetorium *imperium ac* nomen est, ad illam paruam manum exstinguendam ducem te principemque praeberes, non modo id refugisti, sed eo ipso tempore cum esses in litore, Tertia illa tua, quam tu tecum deportaras, erat in omnium conspectu. Ipsis autem Valentinis ex tam inlustri nobilique municipio tantis de rebus *re*sponsum dedisti, cum esses cum tunica pulla et pallio. Quid hunc proficiscentem, quid in ipsa prouincia fecisse existimatis, qui cum iam ex prouincia non ad triumphum, sed ad iudicium decederet, ne illam quidem infamiam fugerit, quam sine ulla uoluptate capiebat ?
41 O diuina senatus frequentis in aede Bellonae admurmuratio ! Memoria tenetis, iudices, cum aduesperasceret et paulo ante esset de hoc Tempsano incommodo nuntiatum, cum inueniretur nemo qui in illa loca cum imperio mitteretur, dixisse*tque* qu*i*dam Verrem esse non longe a Tempsa, quam ualde universi admurmurauerint, quam palam principes dixerint contra. *Et h*is tot criminibus testimoniisque conuictus, in eorum tabella spem sibi aliquam proponit quorum omnium palam causa incognita uoce damnatus est ?

XVII **42** Esto, nihil ex fugitiuorum bello aut suspicione belli laudis adeptus est, quod neque bellum eiusmodi neque belli periculum fuit in Sicilia neque ab isto prouisum est nequod esset. At uero contra bellum *praedonum* classem habuit ornatam diligentiamque in eo singularem, itaque ab isto praeclare

40 imperium ac *om. RS* || responsum *PQH* : sponsum *RS*.
41 dixissetque quidam *Ernesti* : dixisse quendam *codd.* || et his *PQH* : sed iis *RS*.
42 praedonum *om. RS*.

Oui, juges, de la guerre des pirates (1), de la flotte de la Sicile, je parlerai de manière à prouver d'abord que dans cette partie entre toutes de son administration sont ramassées toutes ses fautes les plus graves : avidité, lèse-majesté, égarement, débauche, cruauté. Pendant mon exposé sommaire, prêtez-moi, je vous prie, comme vous l'avez fait jusqu'à présent, une scrupuleuse attention.

43 Des choses de la marine il s'est occupé, je commence par le déclarer, non pour défendre la province, mais pour se procurer, sous prétexte de flotte, de l'argent. Alors qu'avant toi les préteurs avaient eu l'habitude d'exiger des villes des vaisseaux et un nombre déterminé de matelots et de soldats, tu n'as imposé aucune de ces conditions à la très importante et très riche cité de Messine (2). Quelle somme les Mamertins t'ont secrètement donnée en retour de ce privilège, c'est ce que nous verrons plus tard, si l'on veut bien, grâce à leurs registres et à leurs témoins (3). **44** Qu'un vaisseau de transport très grand, comme une trirème [transport très beau et très bien équipé], ait été construit ouvertement, aux frais de la ville, pour toi, officiellement, au su de la Sicile tout entière, et qu'il ait été offert en don gratuit par l'intermédiaire du magistrat et du Sénat de Messine, voilà ce que je déclare. Ce navire, chargé du butin de la Sicile et qui était lui-même une portion de ce butin, partit avec Verrès et aborda à Vélie (4) avec sa cargaison de très nombreux objets et de ceux que Verrès n'avait pas voulu envoyer à Rome avec tous ses autres vols, parce que c'était pour lui le trésor le plus cher et le plus précieux. Ce vaisseau, je l'ai vu naguère à Vélie et beaucoup d'autres ont vu, juges, ce bâtiment très beau et très bien équipé. A tous ceux qui l'avaient aperçu, il semblait, en vérité, avoir dès mainte-

(1) Cette guerre ne fut terminée qu'en 67 par Pompée.

(2) Voir t. V, *de Signis*, X, 23.

(3) Les témoins n'étaient interrogés qu'après les plaidoiries Voir *de Signis*, LXVII, 150.

(4) Ville de Lucanie, sur la mer Tyrrhénienne.

defensa prouincia est. Sic de bello praedonum, sic de classe Siciliensi, iudices, dicam, ut hoc iam ante confirmem, in hoc uno genere omnis inesse culpas istius maximas auaritiae, maiestatis, dementiae, libidinis, crudelitatis. Haec dum breuiter expono, quaeso, ut fecistis adhuc, diligenter adtendite.

43 Rem naualem primum ita dico esse administratam, non uti prouincia defenderetur, sed uti classis nomine pecunia quaereretur. Superiorum praetorum consuetudo cum haec fuisset ut naues ciuitatibus certusque numerus nautarum militumque imperaretur, maximae et locupletissimae ciuitati Mamertinae nihil horum imperauisti. Ob banc rem quid tibi Mamertini clam pecuniae dederint, post, si uidebitur, ex ipsorum litteris testibusque quaeremus. **44** Nauem uero cybaeam maximam, triremis instar, [pulcherrimam atque ornatissimam cybaeam,] palam aedificatam sumptu publico, tuo nomine, publice, sciente tota Sicilia, per magistratum *senatum*que Mamertinum tibi datam donatamque esse dico. Haec nauis onusta praeda Siciliensi, cum ipsa quoque esset ex praeda, simul cum ipse decederet, adpulsa Veliam est cum plurimis rebus et iis quas iste Romam mittere cum ceteris furtis noluit, quod erant carissimae maximeque eum delectabant. Eam nauem nuper egomet uidi Veliae multique alii uiderunt pulcherrimam atque ornatissimam, iudices. Quae quidem omnibus qui eam adspexerant, prospec-

44 Navem maximam triremis instar *habet* ARVS. *K.* VII 483, 6 || pulcherrimam —cybaeam *secl.* *Halm* || magistratum senatumque *PQH* : magistratumque *RS* || Haec nauis —ex praeda *habent* QVINT. *Inst. Or.* 9, 3, 34 et DIOM. *K*, I 446, 7 || ipsa quoque *codd.* : et ipsa QVINT. DIOM. || carissimae *PQH* : clar —*RS*.

nant en perspective l'exil de son maître et épier le moment de favoriser sa fuite.

XVIII 45 Ici, que me répondras-tu, sinon peut-être ce qui, sans pouvoir être accepté aucunement, doit pourtant être allégué, de nécessité, dans un procès de concussion : c'est que ton argent a payé le vaisseau. Ose du moins déclarer ce qui est nécessaire. Ne va pas craindre, Hortensius, que je demande comment il a été permis à un sénateur de faire construire un vaisseau (1). Vieillies et mortes, comme tu as coutume de le dire, sont les lois qui le défendent. Telle était la république autrefois, telle était la sévérité dans les tribunaux qu'un accusateur croyait devoir ranger ce fait parmi les grands chefs d'accusation. Qu'avais-tu besoin en effet d'un vaisseau ? Si tu partais pour un voyage officiel, des bâtiments te seraient fournis aux frais de l'État pour te protéger et te transporter ; d'autre part tu ne peux pas voyager en simple particulier ni faire venir par mer des objets tirés de lieux où il ne t'est permis de rien posséder. 46 Pourquoi donc as-tu commis de toute façon une illégalité? Ce seul chef d'accusation eût été décisif quand la république professait les vieux principes de sévérité et d'honneur. Aujourd'hui, je ne tourne pas contre toi ce sujet d'accusation, je ne t'adresse même pas un reproche général. As-tu cru que ce ne serait jamais à ton endroit une cause de honte, jamais une cause de poursuites judiciaires, jamais une cause d'indignation que cette construction publique, sur place très fréquentée, d'un vaisseau de transport en ta faveur, dans une province où tu exerçais le pouvoir suprême ? Qu'ont dit, à ton avis, ceux qui voyaient le fait, qu'ont pensé ceux qui l'entendaient raconter ? Que c'était à vide que tu allais emmener le vaisseau en Italie? Que tu allais exercer le métier d'armateur, une fois revenu à Rome ? Nul ne pouvait même supposer que tu possédais en Italie quelque terre près de la mer, et que tu te procurais un vaisseau

(1) Une loi *(plebiscitum Claudium)* votée vers 219 avant J.-C. interdisait à un sénateur et à un fils de sénateur d'avoir un navire de plus de 300 amphores (8 tonnes environ). Voir T. Live XXI, 63.

tare iam exilium atque explorare fugam domini uidebatur. XVIII **45** Quid mihi hoc loco respondebis ? nisi forte id quod tametsi probari nullo modo potest, tamen dici quidem in iudicio de pecuniis repetundis necesse est, de tua pecunia aedificatam esse nauem. Aude hoc saltem dicere quod necesse est. Noli metuere, Hortensi, ne quaeram *q*ui licuerit aedificare nauem senatori. Antiquae sunt istae leges et mortuae, quemadmodum tu soles dicere, quae uetant. Fuit ista res publica quondam, fuit ista seueritas in iudiciis ut istam rem accusator in magnis criminibus obiciendam putaret. Quid enim tibi naui, qui si quo publice proficiscereris, praesidii et uecturae causa sumptu publico nauigia praeberentur, priuatim autem nec proficisci quoquam potes nec arcessere res transmarinas ex *i*is locis in quibus te habere nihil licet ? **46** Deinde cur quicquam contra leges parasti ? Valeret hoc crimen in illa uetere seueritate ac dignitate rei publicae ; nunc non modo te hoc crimine non arguo, sed ne illa quidem communi uituperatione reprendo. Tu tibi hoc numquam turpe, numquam criminosum, numquam inuidiosum fore putasti, celeberrimo loco palam tibi aedificar*i* onerariam nauem in prouincia quam tu cum imperio obtinebas ? Quid eos loqui qui uidebant, quid existimare eos qui aud*i*ebant, arbitrabare ? Inanem te nauem esse illam in Italiam adducturum ? Nauiculariam, cum Romam uenisses, esse facturum ? Ne illud quidem quisquam poterat suspicari, te in Italia maritimum habere fundum et ad fructus deportandos

45 qui *PQH* : cui *RS* || Quo enim tibi naui opus fuit *(sic) habet* PRISC, *K.* II 344, 7 || iis *PGH* : his *RS*.
46 aedificari *PQH* : —re *RS* || audiebant *PQH* : audebant *RS*.

de transport pour en charrier les récoltes. Tu as désiré faire proclamer ouvertement partout que tu préparais un vaisseau pour emporter de la Sicile ton butin et pour faire le cabotage en vue des objets volés que tu y avais laissés?

47 Tous ces abus, je t'en fais grâce et je te les passe, si tu établis que le navire a été construit à tes frais. Mais cette excuse, ô le plus insensé des hommes, ne comprends-tu pas que, dans la permière partie du procès, les Mamertins eux-mêmes, tes panégyristes, l'ont enlevée ? Car Heius, le chef de leur délégation envoyée pour faire ton panégyrique, a déclaré que le vaisseau avait été fabriqué pour toi par des ouvriers au compte des Mamertins et qu'un sénateur Mamertin avait dirigé officiellement ce travail. Reste le bois. C'est aux habitants de Rhégium, comme ils le déclarent eux-mêmes (et tu ne peux d'ailleurs le nier) qu'officiellement, les Mamertins n'ayant pas de bois, tu l'as commandé.

Complicité des Mamertins et de Verrès.

XIX Si les matériaux du navire, si la main-d'œuvre ont été réquisitionnés et non payés par toi, où se cache donc l'objet des comptes que tu dis avoir réglés avec ton argent? **48** Mais, dit-on, le registre des Mamertins ne porte rien de ces dépenses. D'abord, je le vois, il a pu leur arriver de ne rien donner du trésor public ; car même le Capitole, tel qu'il a été bâti du temps de nos ancêtres, par des prestations imposées officiellement aux artisans et aux manœuvres, a pu être édifié et achevé sans frais pour l'État. Ensuite, chose que je vois bien nettement, chose que je montrerai, quand j'aurai fait comparaître les témoins eux-mêmes, par leurs propres registres : on a inscrit tout au long de grandes sommes accordées à Verrès par délibération publique pour des adjudications supposées et sans objet réel. Alors il n'est pas du tout étonnant que les Mamertins aient épargné, dans leurs registres, la personnalité civile de leur éminent bienfaiteur, dont l'amitié s'était marquée pour eux plus que pour le peuple romain.

onerariam nauem comparare. Eiusmodi uoluisti de te sermonem esse omnium, palam ut loquerentur te illam nauem parare quae praedam ex Sicilia deportaret et ad ea furta quae reliquisses comm*earet*. **47** Verum haec omnia, si doces nauem de tua pecunia aedificatam, remitto atque concedo. Sed hoc, homo amentissime, non intellegis priore actione ab ipsis istis Mamertinis tuis laudatoribus esse sublatum ? Nam dixit Heius, princeps istius legationis quae ad tuam l*auda*tionem missa est, nauem tibi operis publicis Mamertinorum esse factam eique faciendae senatorem Mamertinum publice praefuisse. Reliqua est materies. Hanc Reginis ut ipsi dicunt (tametsi tu negare non potes), publice quod Mamertini materiem non haberent, imperauisti. XIX Si et ex quo fit nauis et qui faciunt imperio tibi tuo, non pretio praesto fuerunt, ubi tandem istud latet quod tu de tua pecunia dicis inpensum ? **48** At Mamertini in tabulis n*i*l habent. Primum uideo potuisse fieri ut ex aerario n*i*l darent. Etenim uel Capitolium, sicut apud maiores nostros factum est, publice coactis fabris operisque imperatis gratis exaedificari atque effici potuit. Deinde [id quod] perspicio *id* quod ostendam, cum ipsos produxero, ipsorum ex litteris, multas pecunias isti erogatas in operum locationes falsas atque inanes esse perscriptas. Iam illud minime mirum est, Mamertinos a quo summum beneficium acceperant, quem sibi amiciorem quam populo Romano esse cognouerant, eius capit*i* litteris suis

46 furta *cet.* : fura *R* || commearet *PQH* : commemorat *RS*.
47 laudationem *PQH* : lega —*RS*.
48 nil *Zielinski* : nihil *codd.* || perspicio id quod *Zumpt* : id quod perspicio et quod *codd.* || capiti *PQH* : —te *RS*.

Mais si tu prouves par l'absence de mentions écrites que les Mamertins ne t'ont pas donné d'argent, je prouve aussi que le vaisseau ne te coûte rien par l'impossibilité où tu es de produire la mention écrite du prix payé pour les matériaux et la main-d'œuvre.

49 Mais, dira-t-on, tu n'as pas exigé un vaisseau de Messine, parce que c'est une ville alliée. Puissent les Dieux approuver ces paroles ! Notre homme, en bon élève des Féciaux (1), a observé plus que personne avec une sainte et scrupuleuse fidélité le droit public et la religion des traités. Livrons aux Mamertins tous les préteurs tes devanciers pour leur avoir imposé de fournir un vaisseau contre les conditions du traité. Mais pourtant toi, l'homme saint et religieux, pourquoi as-tu exigé un vaisseau de Tauroménium, qui est aussi une ville alliée ? Nous feras-tu croire que, la situation de ces deux populations étant la même, cette variation du droit et cette inégalité de traitement ont eu lieu sans profit pour toi ? **50** Si je démontre par les traités conclus avec les deux populations que les habitants de Tauroménium, par exception bien stipulée, sont expressément exemptés de fournir un vaisseau, que les Mamertins, par clause dûment spécifiée, en doivent un, que contrairement aux traités Verrès l'a exigé de Tauroménium et en a dispensé Messine, pourra-t-on douter que sous la préture de Verrès le grand vaisseau de transport ait été un meilleur appui pour Messine que le traité pour Tauroménium ? Lis le texte des traités.

XX Donc par cette gracieuseté de ta part, comme tu le proclames, par ce trafic et par ce pot de vin, comme les faits le prouvent, tu as amoindri la majesté du peuple romain, amoindri les forces auxiliaires de l'État, amoindri les ressources acquises par le courage et la prévoyance de nos ancêtres ; tu as aboli les droits de la domination romaine, la condition des alliés, le souvenir du traité. Ceux que le traité obligeait à envoyer à leurs frais et à leurs risques même jusqu'à l'océan, si nous l'eussions exigé, un

(1) Leur fonction consistait à porter les déclarations de guerre et à prendre part à la conclusion des traités de paix.

pepercisse. Sed si argumento est Mamertinos tibi pecuniam non dedisse, quia scriptum non habent, sit argumento tibi gratiis stare nauem, quia quid emeris aut quid locaris scriptum proferre non potes.

49 At enim idcirco nauem Mamertinis non imperasti, quod sunt foederati. Di adprobent ! habemus hominem in fetialium manibus educatum, unum praeter ceteros in publicis religionibus foederum sanctum ac diligentem. Omnes qui ante te fuerunt praetores dedantur Mamertinis, quod iis nauem contra pactionem foederis imperarint. Sed tamen tu, sancte homo ac religiose, cur Tauromenitanis item foederatis nauem imperasti ? An hoc probabis, in aequa causa populorum sine pretio uarium ius et disparem condicionem fuisse ? **50** Quid ? si eiusmodi esse haec duo foedera duorum populorum, iudices, doceo, ut Tauromenitanis nominatim cautum et exceptum sit foedere ne nauem dare debeant, Mamertinis in ipso foedere sanctum atque praescriptum sit, ut nauem dare necesse sit, istum autem contra foedus et Tauromenitanis imperasse et Mamertinis remisse, num*cui* dubium poterit esse quin Verre praetore plus Mamertinis cybaea quam Tauromenitanis foedus opitulatum sit ? Recitentur foedera. XX Isto igitur tuo, quemadmodum ipse praedicas, beneficio, ut res indicat, pretio atque mercede, minuisti maiestatem *populi Romani*, minuisti auxilia *rei publicae*, minuisti copias maiorum uirtute ac sapientia comparatas, sustulisti ius imperii, condicionem sociorum, memoriam foederis. Qui ex foedere ipso nauem uel usque ad Oceanum, si imperassemus, sumptu periculoque

50 numcui *PQH* : —quid *RS* || populi Romani *Q* : rei publicae *cet.* || rei publicae *Lambin* : populi Romani *codd.*

vaisseau armé et équipé, ces hommes, pour n'avoir pas à naviguer dans leur détroit, devant leur pays et leurs maisons, pour n'avoir pas à défendre leurs murailles et leurs ports, ont racheté de toi à prix d'argent une des conditions du traité et une prérogative de notre souveraineté ! 51 Quelle somme de fatigue, de travail, d'argent, pensez-vous que les Mamertins auraient consenti à dépenser, quand ils traitèrent avec nous, pour que ce vaisseau à deux rangs de rames ne fût pas porté à leur compte, s'il y avait eu quelque moyen d'obtenir cette faveur de nos ancêtres? Car l'imposition d'une charge si lourde à la cité de Messine imprimait, je ne sais comment, au traité d'alliance une sorte de marque de servitude. Ce qu'ils n'ont pu obtenir de nos ancêtres par un traité, quand leurs services étaient récents, que rien n'était encore réglé à ce sujet, que la situation du peuple romain n'avait rien d'embarrassant, maintenant sans nouveau service rendu, après tant d'années, après l'exercice annuel et le maintien permanent de notre droit de souveraineté, quand on est très embarrassé pour trouver des vaisseaux, — cet avantage ils l'ont obenu de Verrès à prix d'argent, et ils n'ont pas seulement obtenu de ne pas fournir de navire : quel matelot, quel soldat pour la flotte ou pour une garnison, les Mamertins ont-ils donné sous ta préture pendant trois ans ?

Dispenses de la fourniture de blé.

XXI 52 Enfin, quand un décret du Sénat, quand la loi Térentia et Cassia obligeait à faire également dans toutes les villes de Sicile des achats de blé, tu as encore dispensé les Mamertins de cette charge légère et supportée par tous les autres. — Les Mamertins, allègueras-tu, ne devaient pas de blé. — Que veux-tu dire? Qu'ils ne devaient pas en vendre ? Car il ne s'agissait pas de cette fourniture de blé qui était réquisitionnée ; mais de celle qui était achetée. Ainsi, d'après la mesure prise par toi, d'après ton interprétation du traité, les Mamertins ne devaient pas aider le peuple romain en lui ouvrant leur marché et en leur vendant des vivres.

suo armatam atque ornatam mittere debuerunt, *hi* ne in freto *ante* sua tecta et domos nauigarent, ne sua moenia portusque defenderent, pretio abs te ius foederis et imperii condicionem redemerunt. **51** Quid censetis in hoc foedere faciundo uoluisse Mamertinos inpendere laboris, operae, pecuniae, ne haec biremis adscriberetur, si id ullo modo possent a nostris maioribus impetrare ? Nam cum hoc munus inponebatur tam graue ciuitati, inerat nescio quo modo in illo foedere societatis quasi quaedam nota seruitutis. Quod tum, recentibus suis officiis, integra re, nullis populi Romani difficultatibus, a maioribus nostris foedere adsequi non potuerunt, id nunc, nullo *nouo* officio suo, *tot annis post, iure imperii nostri* quotannis usurpatum ac semper retentum, summa in difficultate nauium a C. Verre pretio adescuti sunt, ac non hoc solum adsecuti, ne nauem darent. Ecquem nautam, ecquem militem qui aut in classe aut in praesidio esset, te praetore per triennium Mamertini dederunt ?

XXI **52** Denique cum ex senatus consulto itemque ex lege Terentia et Cassia frumentum aequabiliter emi ab omnibus Siciliae ciuitatibus oporteret, id quoque munus leue atque commune Mamertinis remisisti. Dices frumentum Mamertinos non debere. Quomodo non debere ? an ut *ne* uenderent ? Non enim erat hoc genus frumenti ex eo genere quod exigeretur, sed ex eo quod emeretur. Te igitur auctore et interprete ne foro quidem et commeatu Mamertini iuuare populum Romanum debuerunt. **53** Quae tandem ciuitas fuit quae

50 hi *PQH* : et *RS* || ante *om. RS.*
51 nouo *om. RS* || tot annis —nostri *om. RS.*
52 ne *om. RS.*

53 Quelle était donc la ville qui y était obligée ? Le contrat passé par les censeurs a déterminé ce que doivent les cultivateurs du domaine public. Pourquoi leur as-tu imposé par surcroît une redevance d'un autre genre ? Et les dîmeurs, que doivent-ils de plus que la dîme de chaque récolte, en vertu de la loi de Hiéron ? Pourquoi as-tu réglé aussi la quantité de blé acheté qu'ils auraient à fournir ? Et les exempts de dîmes ? Eux assurément ne doivent rien. Or tu ne t'es pas contenté de les frapper de cet impôt, mais, pour leur faire donner plus qu'ils ne pouvaient, tu y as ajouté ces soixante mille boisseaux à la fois, dont tu avais dispensé les Mamertins. Et je ne dis pas que tu n'aies pas eu raison de les exiger de toutes les autres villes ; mais pour les Mamertins, qui étaient dans le même cas, de qui tous tes prédécesseurs avaient exigé autant que de tous les autres, qui en vertu d'un décret du Sénat et de la loi avaient reçu une indemnité, ceux-là, je le déclare, tu n'as pas eu raison de les dispenser. Et pour fixer ce bienfait par un clou de charpente (1), comme on dit, il instruit l'affaire des Mamertins avec son conseil et c'est sur l'avis de son conseil qu'il arrête de ne pas exiger de blé des Mamertins.

54 Écoutez la décision du préteur vénal tirée de son registre et apprenez quelle grande dignité se marque dans la rédaction, quelle grande autorité dans l'établissement d'un droit. Lis. — PROCÈS-VERBAL DE LA SÉANCE. — De l'avis du conseil, il agit, dit-il, « volontiers » ; c'est ainsi qu'il écrit tout au long. Eh quoi ! Si tu n'eusses employé ce mot « volontiers », nous eussions cru sans doute que tu faisais un gain malgré toi. Et « de l'avis du conseil » ! Vous avez entendu lire, juges, la liste des membres de cette brillante assemblée ; vous semblait-il donc, à entendre ces noms, qu'on lût la liste des membres d'un conseil de préteur, ou celle des associés et compagnons du dernier des brigands ? **55** Voilà les interprètes des traités, les négociateurs de l'alliance, les représentants de la reli-

(1) Clou de la plus grosse espèce qui servait à fixer les poutres (*trabes*).

deberet ? Qui publicos agros arant, certum est quid e lege censoria debeant ; cur his quicquam praeterea ex alio genere imperauisti ? Quid ? decumani numquid praeter singulas decumas *ex* lege Hieronica debent ? cur his quoque statuisti quantum ex hoc genere frumenti empti darent ? Quid immunes ? hi certe nihil debent. At eis non modo imperasti, uerum etiam, quo plus darent quam poterant, haec sexagena milia modium quae Mamertinis remiseras addidisti. Neque hoc dico, ceteris non recte imperatum, sed Mamertinis qui erant in eadem causa, et quibus superiores omnes item ut ceteris imperarant pecuniamque ex senatus consulto et ex lege dissoluerant, his dico non recte remissum. Et ut hoc beneficium, quemadmodum dicitur, trabali clauo figeret, *cum* consilio causam Mamertinorum cognoscit et de consilii sententia Mamertinis se frumentum non imperare pronuntiat. **54** Audite decretum mercennari praetoris ex ipsius commentario et cognoscite quanta in scribendo grauitas, quanta in constituendo iure sit auctoritas. Recita. COMMENTARIVS. *De* consili sententia libenter ait se facere itaque perscribit. Quid si hoc uerbo non esses usus « libenter » ? Nos uidelicet inuitum te quaestum facere putaremus. Ac « de consili sententia » ! Praeclarum recitari consilium, iudices, audistis ; utrum uobis consilium tandem praetoris recitari uidebatur, cum audiebatis nomina, an praedonis improbissimi societas atque comitatus ? **55** En foederum interpretes, societatis pact*o*res, religionis

53 ex *PQH* : e *RS* ‖ cum *PQH* : commodi *RS*.
54 scribendo *PQH* : —da *RS* ‖ Commentarius *Halm* : —ium *codd.* ‖ de *add. Zumpt.*
55 pactores *PQH* : pactiones *RS*.

gion ! Jamais en Sicile il n'y eut achat officiel de blé, sans qu'il fût imposé aux Mamertins, pour leur part, avant que Verrès eût formé cette assemblée d'élite, ce brillant conseil pour se faire donner de l'argent par eux et rester toujours semblable à lui-même. Aussi l'autorité de son décret dura-t-elle autant que celle de l'homme qui avait vendu la dispense à ceux dont le blé aurait dû être acheté. Car aussitôt après lui avoir succédé, L. Métellus, en vertu des règlements écrits de C. Sacerdos et de Sex. Peducaeus (1), exigea du blé des Mamertins.

XXII **56** Ils comprirent alors qu'ils ne pouvaient garder plus longtemps une faveur achetée à qui était sans qualité pour vendre. Allons plus loin, toi qui as désiré passer pour un si scrupuleux interprète des traités, pourquoi as-tu exigé du blé des habitants de Tauroménium, pourquoi des habitants de Nétum ? L'une et l'autre de ces villes sont nos confédérées. Et même les habitants de Nétum à la vérité ne s'oublièrent pas et, dès que tu eus déclaré exempter volontiers les Mamertins, ils sont venus te trouver et t'ont démontré qu'ils étaient dans les mêmes conditions d'alliance. Tu n'as pu, le cas étant le même, décider autrement. Tu déclares que Nétum ne doit pas donner du blé et cependant tu lui en imposes une contribution. Montre-moi dans le registre de notre préteur les textes relatifs aux décisions prises et au blé exigé ? TEXTE DES DÉCISIONS PRISES (2).

Devant cette inconséquence si grave et si honteuse, quelle supposition faire, juges, plutôt que tirer, de nécessité, cette conclusion : ou les gens de Nétum ne lui ont pas donné l'argent qu'il demandait, ou sa conduite a eu pour but de faire comprendre aux Mamertins qu'ils ont bien placé chez lui sommes et cadeaux en si grand nombre, puisque d'autres, dans le même cas, n'obtenaient pas le même privilège ?

(1) Ce sont les deux prédécesseurs de Verrès.
(2) Voir pour le *frumentum imperatum* Carcopino, *La loi de Hiéron*, ch. sur la procédure criminelle.

auctores ! Numquam in Sicilia frumentum publice est emptum, quin Mamertinis pro portione imperaretur, antequam hoc delectum praeclarumque consilium iste dedit ut ab his nummos acciperet ac sui similis esset. Itaque tantum ualuit istius decreti auctoritas quantum debuit eius hominis qui a quibus frumentum emere debuisset, iis decretum uendidisset. Nam statim L. Metellus ut isti successit, ex C. Sacerdotis et ex Sex. Peducaei instituto ac litteris frumentum Mamertinis imperauit. XXII **56** Tum illi intellexerunt se id quod a malo auctore emissent, diutius obtinere non posse. Age porro, tu, qui tam religiosum existimari te uoluisti interpretem foederum, cur Tauromenitanis frumentum, cur Netinis imperasti, quarum ciuitatum utraque foederata est ? Ac Netini quidem sibi non defuerunt ac simul pronuntiasti libenter te Mamertinis remittere, *te* adierunt et eandem suam causam foederis esse docuerunt. Tu aliter decernere eadem in causa non potuisti ; pronuntias Netinos frumentum dare non debere et ab his tamen ex*igis*. Cedo mihi eiusdem praetoris litteras et rerum decretarum et frumenti imperati. *Litterae rerum* decretarum. Quid potius in hac tanta et tam turpi inconstantia suspicari possumus, iudices, quam id quod necesse est, aut isti a Netinis pecuniam cum posceret non datam, aut id esse actum ut intellegerent Mamertini bene se apud istum tam multa pretia ac munera conlocasse, cum idem alii iuris ex eadem causa non obtinerent ?

56 quod a male auctore emit *(sic) habet* ARVS. *K.* VII 470, 7 ‖ te adierunt *PQH* : adierunt *RS* ‖ exigis *PQH* : exegisses *RS* ‖ Litterae rerum decretarum *Zumpt* : cum decretarum *RS* et rerum decretarum tritici empti *PQH*.

57 Ici osera-t-il encore me citer l'adresse élogieuse des Mamertins (1) ? Combien nombreux y sont les points faibles, qui de vous, juges, ne le comprend ? D'abord, devant les tribunaux, pour l'accusé qui ne peut présenter dix apologistes, il est plus honorable de n'en présenter aucun que de ne pas compléter le nombre légal imposé par l'usage (2). Il y a tant de villes (3) en Sicile que tu as gouvernées pendant trois ans ; la généralité t'accuse, un petit nombre, peu importantes et tenues par la crainte, se taisent (4), une seule te loue. Que signifie ce fait, sinon que tu comprends l'avantage d'un panégyrique vrai, mais que ta manière d'administrer la province t'a privé nécessairement de cet avantage ? **58** Puis, je l'ai déjà dit ailleurs, (5) quelle est donc cette apologie, quand les délégués, chargés de la présenter, quand les chefs de la mission ont déclaré qu'un navire a été construit pour toi aux frais de leur État, et qu'eux-mêmes simples particuliers ont été par toi dépouillés et volés ? Enfin étant seuls des Siciliens à te louer, que font-ils, sinon nous attester que tu leur as prodigué tous les biens que tu as ôtés à notre République ? Quelle colonie d'Italie possède un droit assez bien établi, quel municipe est assez privilégié pour avoir joui pendant ces années-là d'une dispense de toutes les charges avec autant d'avantages qu'a fait la cité des Mamertins ? Pendant trois ans, seuls, ils n'ont pas donné ce que le traité les obligeait à donner ; seuls, sous la préture de cet homme, ils ont été exemptés de toutes les charges ; seuls, sous sa domination, ils ont vécu suivant ce pacte : ne rien donner au peuple romain, ne rien refuser à Verrès.

XXIII **59** Mais pour revenir à la flotte, point d'où ma digression est partie (6), tu as reçu des Mamertins un vais-

(1) Sur l'administration de Verrès.
(2) Pour les procès de concussion.
(3) On en comptait soixante.
(4) Voir t. IV, de *frumento* XLVI, 109, 110.
(5) Dans le *de praet. sicil.* V, 13 et le *de signis*, IX, 19, 20, 21 et LXVII, 150, 151.
(6) Au ch. XXI.

57 Hic mihi etiam audebit mentionem facere Mamertinae laudationis ? In qua quam multa sint uulnera, quis est uestrum, iud*ices*, quin intellegat ? Primum ut in iudiciis qui decem laudatores dare non potest, honestius est ei nullum dare quam illum quasi legitimum numerum consuetudinis non explere. Tot in Sicilia ciuitates sunt quibus tu per triennium praefuisti ; arguunt ceterae, paucae et paruae et metu repressae silent, una laudat. Hoc quid est, nisi intellegere quid habeat utilitatis uera laudatio, sed tamen ita prouinciae praefuisse, ut hac utilitate necessario sit carendum ? **58** Deinde, quod alio loco antea dixi, quae est ista tandem laudatio, cuius laudationis legati et principes et publice tibi nauem aedificatam et priuatim se ipsos abs te spoliatos exp*ila*tosque esse dixerunt ? Postremo quid aliud isti faciunt, cum te soli ex Sicilia laudant, nisi testimonio nobis sunt omnia te sibi esse largitum, quae tu *de* re publica nostra detraxeris ? Quae colonia est in Italia tam bono iure, quod tam immune municipium, quod per hosce annos tam commoda uacatione omnium rerum sit usum quam Mamertina ciuitas ? Per triennium soli ex foedere quod debuerunt non dederunt, soli isto praetore omnium rerum immunes fuerunt, soli in istius imperio ea condicione uixerunt, ut populo Romauo nihil darent, Verri nihil negarent.

XXIII **59** Verum ut ad classem, quo ex loco sum digressus, reuertar, accepisti a Mamertinis nauem

57 iudices *PQH* : iudex *RS* || primum ut iudiciis — explere *habet* PRISC. *K.* III 338, 17.
58 expilatosque *Hobman* : expolia — *codd.* || quae tu —de traxeris *habet* ARVS. *K.* VII 466, 14 || de *om.* *RS*.

seau contrairement aux lois, tu as accordé une dispense contrairement aux traités. Ainsi, dans une seule et même cité, tu as commis une double forfaiture, en accordant ce qu'il ne fallait pas consentir et en acceptant ce qu'il n'était pas permis de recevoir. Il t'aurait fallu exiger un navire pour voguer contre les pirates et non pour être chargé de ton butin, pour empêcher la province d'être dépouillée et non pour porter les dépouilles de la province. Les Mamertins t'ont fourni une ville pour y apporter les vols faits de toute part et un navire pour les emporter ; cette place forte fut le dépôt de tes pillages ; ces hommes furent les témoins et les recéleurs de tes rapines ; ils t'ont fourni un entrepôt et un moyen de transport pour tes brigandages. Aussi, pas même au moment ou tu as perdu la flotte par ton avidité et ta vilenie, tu n'as osé requérir un vaisseau des Mamertins. A cette date, le manque de vaisseaux étant si grave et le malheur de la province si accablant, même s'il avait fallu en faire la demande à titre de faveur, le vaisseau aurait dû être obtenu d'eux. En fait, ce qui paralysait chez toi et l'autorité du commandement et les efforts de la prière, c'était ce beau vaisseau, non fourni au peuple romain comme birème due (1) mais gracieusement donné comme bâtiment de transport au préteur ; ce fut la rançon de tout : obéissance au pouvoir souverain, secours dûs, obligations légales, droit, coutume, conditions du traité.

60 Voilà perdues et vendues à prix d'or les puissantes ressources d'une ville riche entre toutes. Apprenez maintenant le nouveau système de rapine dont Verrès est l'inventeur original.

Vol des fonds de la flotte. Vente de congés.

XXIV Tous les fonds destinés à la flotte pour le blé, la solde et tous les autres frais, chaque ville avait l'habitude de les donner toujours à un capitaine de vaisseau. Celui-ci n'osait pas risquer d'être accusé par les

(1) Voir XX, 51.

contra leges, remisisti contra foedera. Ita in una ciuitate bis inprobus fuisti, cum et remisisti quod non oportebat et accepisti quod non licebat. Exigere te oportuit nauem quae contra praedones, non quae cum praeda nauigaret, quae defenderet ne prouincia spoliaretur, non quae prouinciae spolia portaret. Mamertini tibi et urbem quo furta undique deportares, et nauem in qua exportares praebuerunt; illud tibi oppidum receptaculum praedae fuit; illi homines testes custodesque furtorum, illi tibi et locum furtis et furtorum uehiculum comparauerunt. Itaque ne tum quidem cum classem auaritia ac nequitia tua perdidisti, Mamertinis nauem imperare aussus es. Quo tempore in tanta inopia nauium tantaque calamitate prouinciae, etiamsi precario essent rogandi, tamen ab his impetraretur. Reprimebat enim tibi et imperandi uim et rogandi conatum praeclara illa non populo Romano reddita biremis, sed praetori donata cybaea, *tui* merces imperii, auxilii, iuris, consuetudinis, foederis.

60 Habetis unius ciuitatis firmum auxilium amissum ac uenditum pretio. Cognoscite nunc nouam praedandi rationem ab hoc primum excogitatam. XXIV Sumptum omnem in classem frumento, stipendio ceterisque rebus suo quaeque nauarcho ciuitas semper dare solebat. Is neque ut accusaretur a nautis committere audebat et ciuibus suis rationes *re*ferre debebat, et in illo omni negotio non modo labore, sed etiam periculo suo uersabatur. Erat hoc ut dico factitatum semper, nec [non] solum in Sicilia, sed in omnibus prouinciis, etiam in sociorum et Latinorum stipendio ac sumptu,

59 praebuerunt *cett.* : —re. *R* || tui *PQH* : fuit *RS*.
60 referre *PQH* : ferre *RS* || nec *PQH* : nec non *RS*.

matelots, il devait rendre ses comptes à ses concitoyens et il ne trouvait dans toute cette fonction que de la peine et même du danger. C'était, comme je le dis, l'usage constant et pas seulement en Sicile, mais dans toutes les provinces, même pour la solde et les frais d'entretien des alliés et des Latins, quand nous avions coutume d'employer leurs troupes auxiliaires. Le premier depuis l'établissement de notre empire, Verrès a impérieusement prescrit que tout cet argent lui fût compté par les villes pour être manié par celui qu'il aurait commis à cette charge. **61** Qui peut ne pas voir pour quel motif tu as changé le premier l'ancien usage, négligé le si grand avantage de faire manier l'argent par d'autres, entrepris une tâche si difficile et si désagréable qui expose aux accusations et aux soupçons. Puis c'est l'institution d'autres profits (et dans la seule administration de la marine, voyez comme ils sont nombreux) : recevoir des villes de l'argent pour ne pas fournir de matelots ; à prix fait, envoyer en congé des matelots ; bénéficier de la solde des licenciés ; ne pas payer aux autres leur dû. Tous ces abus, apprenez-les par les dépositions des villes. Lis cette déposition. DÉPOSITIONS DES VILLES.

Affaire du vaisseau pirate.

XXV **62** Quel homme ! quelle effronterie, juges ! quelle audace ! taxer les villes à des sommes d'argent d'après leur contingent, établir pour la libération des matelots un prix déterminé, six cents sesterces ! Celui qui les avait payés avait volé un congé de tout l'été ; Verrès faisait son profit de ce qu'il avait reçu pour la solde et la nourriture de ce marin. Ainsi un double gain sortait d'un seul envoi en congé. Et, comble d'égarement, c'était lors des incursions si redoutables des pirates, quand la province courait un si terrible danger, que notre homme agissait ouvertement, au point que les pirates savaient tout et que la province tout entière en était témoin.

63 Quand son avidité avait laissé en Sicile une flotte seulement de nom, et en réalité des vaisseaux vides pour apporter du butin au préteur et non pour inspirer de la crainte

tum cum illorum auxiliis uti solebamus. Verres post imperium constitutum primus imperauit ut ea pecunia omnis a ciuitatibus sibi adnumeraretur, ut is eam pecuniam tractaret quem ipse praefecisset. **61** Cui potest esse dubium quamobrem et omnium consuetudinem ueterem primus immutaris et tantam utilitatem per alios tractandae pecuniae neglexeris et tantam * difficultatem cum crimine, molestiam cum suspicione susceperis ? Deinde alii quaestus instituuntur, ex uno genere nauali uidete quam multi, accipere a ciuitatibus pecuniam ne nautas darent, pretio certo missos facere nautas, missorum omne stipendium lucrari, reliquis quod deberet non dare ; haec omnia ex ciuitatum testimoniis cognoscite. Recita testimonium. TESTIMONIA CIVITATUM. XXV **62** Huncine hominem, hancine inpudentiam, iudices, hanc audaciam ! Ciuitatibus pro numero militum pecuniarum summas discribere, certum pretium sescenos nummus nautarum missionis constituere ! Quos qui dederat, cum commeatum totius aestatis abstulerat, iste quod eius nautae no*m*ine pro stipendio frumentoque acceperat lucrabatur. Ita quaestus duplex unius missionis fiebat. Atque haec homo amentissimus in tanto praedonum impetu tanto*que* periculo prouinciae sic palam faciebat ut et ipsi praedones scirent et tota prouincia testis esset.

63 Cum propter istius hanc auaritiam nomine classis esset in Sicilia, re quidem uera naues inanes quae praedam praetori, non quae praedonibus metum adferrent, tamen cum P. Caesetius et P. Tadius decem

61 tantam difficultatem cum crimine *PQH* : cum t. d. cr. *RS*.
62 discribere *R*[1] : de *—cet.* || tantoque *PQH* : tanto *S*.

aux brigands, cependant P. Cæsétius et P. Tadius (1), naviguant avec dix de leurs vaisseaux à effectifs réduits de moitié, prirent, non, mais plutôt emmenèrent certain vaisseau des pirates, plein de butin, manifestement voué par sa surcharge a être pris et prêt à couler bas. Ce navire était plein de jeunes hommes très beaux, plein d'argenterie façonnée et d'argent monnayé, avec quantité d'étoffes précieuses. Voilà le navire entre tous qui fut non pas pris, mais trouvé par notre flotte devant Mégaris, localité non loin de Syracuse. Aussitôt cette nouvelle apprise, Verrès étendu ivre sur le rivage avec des petites femmes ne laissa pas de se dresser et tout d'un temps envoya à son questeur et à son lieutenant un grand nombre de ses gardes pour que la prise, sans qu'il y manquât rien, lui fût présentée le plus tôt possible. **64** Le navire accoste à Syracuse : tout le monde attend le supplice des prisonniers. Verrès, comme devant une proie amenée à lui et non devant des brigands pris, ne tient pour ennemis que ceux qui sont vieux ou laids ; il met à part tous ceux qui avaient quelque peu de beauté, de jeunesse, de talent ; il en distribue quelques-uns à ses secrétaires, à son fils, à son entourage ; il envoya en cadeau six musiciens à Rome à certain de ses amis. Cette nuit se passe tout entière à vider à fond le vaisseau. Quant au chef des pirates, personne ne le voit, lui qu'il eût fallu livrer au supplice. Aujourd'hui encore tous regardent comme vrai — et vous devez comprendre par conjecture ce qui est digne de lui — que Verrès a reçu secrètement de l'argent des pirates pour épargner leur chef. XXVI **65** « C'est une conjecture ». Tout bon juge est guidé par soupçon bien fondé. Vous connaissez Verrès, vous savez la pratique générale de tous ceux qui ont pris un chef de brigands ou d'ennemis, avec quel plaisir ils permettent de l'exposer ostensiblement aux regards de tous. Dans la population si considérable de Syracuse je

(1) L'un était le questeur de Verrès, l'autre, son lieutenant ; voir t. III, XX, 49.

nauibus suis semiplenis nauigarent, nauem quandam piratarum praeda refertam non ceperunt, sed a*b*duxerunt, onere suo plane captam atque depressam. Erat ea nauis plena iuuentutis formosissimae, plena argenti facti atque signati, multa cum stragula ueste. Haec una nauis a classe nostra non capta est, sed inventa ad Megaridem, qui locus est non longe a Syracusis. Quod ubi isti nuntiatum est, tametsi in acta cum mulierculis iacebat ebrius, erexit se tamen et statim quaestori legatoque suo custodes misit compluris, ut omnia sibi integra quam primum exhiberentur. **64** Adpellitur nauis Syracusas ; exspectatur ab omnibus supplicium. Iste quasi praeda sibi aduecta, non praedonibus captis, siqui senes ac deformes erant, eos in hostium numero d*u*cit ; qui aliquid formae, aetatis artificiique habebant, abducit omnis, nonnullos scribis, filio cohortique distribuit, symphoniacos homines sex cuidam amico suo Romam muneri misit. Nox illa tota in exinaniunda naue consumitur. Archipiratam ipsum uidet nemo, de quo supplicium sumi oportuit. Hodie omnes sic habent (quid eius sit, uos coniectura adsequi debetis) istum clam a piratis ob hunc archipiratam pecuniam accepisse. XXVI **65** « Coniectura est ». Iudex esse bonus nemo potest qui suspicione certa non mouetur. Hominem nostis ; consuetudinem omnium tenetis, qui ducem praedonum aut hostium ceperit, quam libenter eum palam ante oculos omnium esse patitur. Hominem in tanto conuentu Syracusis uidi neminem.

63 nauem —abduxerunt *habet* NON. 253, 32 || non ceperunt —depressam *habet* NON : 252, 36 || abduxerunt NON. *PQH* : add— *RS*.
64 ducit *PQH* : dicit *RS*.

n'ai pas trouvé, juges, une seule personne pour me dire qu'elle avait vu le chef des pirates fait prisonnier, — et tous pourtant, suivant l'habitude, comme il arrive toujours, accouraient, le cherchaient et avaient envie de le voir. Par quelle fâcheuse fortune cet homme était-il si bien caché que nul, même par hasard, ne pût l'apercevoir? Les marins habitant Syracuse, pour avoir entendu souvent le nom de ce capitaine, pour en avoir eu peur souvent, désiraient rassasier leurs yeux et leur rancune du spectacle de sa torture et de son supplice ; il ne fut donné à personne de l'apercevoir.

66 Servilius (1), à lui tout seul, a pris vivants plus de chefs de pirates que tous ses devanciers. Quand donc priva-t-il personne de l'avantage et de la permission de voir un pirate prisonnier ? Tout au contraire partout où il a passé, il offrait à tous ce très joyeux spectacle d'ennemis captifs et enchaînés. Aussi affluait-on de toutes parts et ce n'était pas seulement des villes qu'ils traversaient, mais même des villes voisines qu'on accourait pour les voir. Et le triomphe lui-même, pourquoi de tous les triomphes a-t-il été pour le peuple romain le plus agréable et le plus joyeux (2) ? Comme rien n'est plus doux que la victoire, il n'est pas non plus de preuve plus sûre de la victoire que de voir enchaînés et traînés au supplice des ennemis souvent redoutés. **67** Cette pratique, pourquoi toi, ne l'as-tu point imitée ? Pourquoi ce pirate a-t-il été caché comme si le laisser apercevoir eût été un sacrilège ? Pourquoi ne pas l'avoir livré au supplice? Pour quel motif l'avoir tenu en réserve ? Connais-tu un chef de pirates, avant celui-ci, qui ait été pris en Sicile sans avoir la tête tranchée ? Cite un seul précédent à ta conduite, produis un seul exemple. Tu gardais vivant, toi, le chef des pirates. Dans

(1) P. Servilius Vatia, consul en 79, avait battu les pirates en Cilicie, en Lycie, en Pamphylie et en Isaurie ; d'où son surnom d'Isauricus. Il était un des juges de Verrès. Voir t. II, p. 83, p. 149, note 1 et t. IV, 210.

(2.) Cicéron force le ton pour exalter Servilius aux dépens de Verrès.

iud*ices*, qui archipiratam captum *se*se uidisse diceret, cum omnes, ut mos est, ut solet fieri, concurrerent, quaererent, uidere cuperent. Quid accidit cur tanto opere iste homo occultaretur, ut eum ne casu quidem quisquam adspicere posset ? Homines maritumi Syracusis, qui saepe istius ducis nomen audissent, saepe timuissent, cum eius cruciatu atque supplicio pascere oculos animumque exsaturare uellent, potestas adspiciendi nemini facta est. **66** Vnus pluris praedonum duces uiuos cepit Publius Servilius quam omnes antea. Ecquando igitur isto fructu quisquam caruit ut uidere piratam captum non liceret ? At contra quacumque iter fecit, hoc iucundissimum spectaculum omnibus uinctorum captorumque hostium praebebat, itaque ei concursus fiebant undique ut non modo ex *i*is oppidis qua ducebantur, sed etiam ex finitimis uisendi causa conuenirent. Ipse autem triumphus quam ob rem omnium triumphorum gratissimus populo Romano fuit et iucundissimus ? Quia nihil est *uictoria dulcius, nullum est autem testimonium* uictoriae certius quam quos saepe metueris, eos te uinctos ad supplicium duci uidere. **67** Hoc tu quamobrem non fecisti ? quamobrem ita pirata occultatus est quasi eum aspici nefas esset ? quamobrem supplicium non sumpsisti ? quam ob causam hominem reseruasti ? ecquem scis in Sicilia antea captum archipiratam qui non securi percussus sit ? Vnum cedo auctorem tui facti, unius profer exemplum. Viuum tu archipiratam seruabas. Quo ? per

65 iudices *PQH* : index *RS* || sese uidisse *Zumpt* : esse u. *RS* se u. *PQH*.

66 Vnus —quam ceteri *(sic) habet* AGROEC. *K.* VII 116, 11 || iis *Orelli* : his *codd.* || uictoria —testimonium *om. RS*.

quelle intention ? Sans doute pour le faire marcher devant ton char, pendant ton triomphe. Il ne restait plus, en effet, après avoir perdu la très belle flotte du peuple romain et dévasté ta province, qu'à obtenir le triomphe naval.

Les Latomies. Le chef des pirates épargné.

XXVII **68** Poussons plus avant. Verrès a mieux aimé, par un nouveau système, emprisonner le chef des corsaires qu'à l'exemple de tous le frapper de la hache. Quelle est cette prison ? Où et comment ce prisonnier a-t-il été gardé ? Tous vous avez entendu parler des Latomies de Syracuse, beaucoup d'entre vous les connaissent ; c'est l'œuvre gigantesque et imposante de rois et de tyrans ; cette carrière est tout entière creusée dans le roc à une profondeur saisissante et nombre d'ouvriers l'ont taillée très bas ; impossible de faire ou d'imaginer une prison d'où il soit plus malaisé de sortir, qui soit plus fermée de tout côté et plus sûre. C'est dans ces Latomies que les criminels d'État sont conduits par ordre, même de toutes les autres villes de Sicile. **69** Comme Verrès y avait jeté ensemble un grand nombre de prisonniers citoyens romains, qu'il avait ordonné d'y plonger tous les autres pirates, il comprit que, s'il mettait dans la même prison une personne substituée au chef des pirates, beaucoup chercheraient en vain dans les Latomies le chef véritable. Aussi n'ose-t-il pas confier son homme à cette prison, la meilleure et la plus sûre de toutes ; enfin il suspecte Syracuse tout entière. Il renvoie cet homme ; où ? à Lilybée peut-être ? Je comprends : c'est la preuve qu'il ne redoute pas absolument les villes maritimes. Mais ce n'est pas du tout là, juges. C'est donc à Palerme ? J'entends bien, et pourtant c'est à Syracuse, ayant été pris dans les eaux Syracusaines, qu'il devait être plutôt que partout ailleurs, sinon exécuté, du moins emprisonné. **70** Ce n'est pas non plus à Palerme. Où donc? Où croyez-vous ? Chez les hommes les plus éloignés de craindre des pirates et d'en avoir l'idée, les plus étrangers à la navigation et aux choses de la mer, chez les habitants de Cen-

triumphum credo quem ante currum tuum duceres; neque enim quicquam erat reliquum nisi uti, classe populi Romani pulcherrima amissa prouinciaque lacerata, triumphus tibi naualis decerneretur.

XXVII **68** Age porro, custodiri ducem praedonum nouo more quam securi feriri omnium exemplo magis placuit. Quae sunt istae custodiae ? apud quos homines, quemadmodum est adseruatus ? Lautumias Syracusanas omnes audistis, plerique nostis ; opus est ingens, magnificum regum ac tyrannorum ; totum est *e* saxo in mirandam altitudinem depresso et multorum operis penitus exciso ; nihil tam clausum ad exitum, nihil tam saeptum undique, nihil tam tutum ad custodiam nec fieri nec cogitari potest. In has lautumias siqui publice custodiendi sunt, etiam ex ceteris oppidis Siciliae deduci imperantur. **69** Eo quod multos captiuos ciuis Romanos coniecerat, quod eodem ceteros piratas condi imperarat, intellexit, si hunc subditiuum archipiratam in eandem custodiam dedisset, fore ut a multis in lautumiis uerus ille dux quaereretur. Itaque hominem huic optimae tutissimaeque custodiae non audet committere ; denique Syracusas totas timet. Amandat hominem — quo ? Lilybaeum fortasse ? Video ; tamen homines maritumos non plane reformidat. Minime, iudices. Panhormum igitur ? Audio ; quamquam Syracusis quoniam in Syracusano captus erat, maxime, si minus supplicio adfici, at custodiri oportebat. **70** Ne Panhormum quidem. Quo igitur? quo put*a*tis? Ad homines a piratarum metu et suspicione alienissimos, a nauigando rebusque maritumis remotissimos, ad Centuripinos homines,

68 feriri *PQH* : —re *RS* || e *Lambin* : a *RS* ex *PQH*.
70 putatis *PQH* : putastis *RS*.

turipe, les plus au centre du pays, qui sont surtout grands laboureurs : eux qui n'auraient jamais craint le nom d'un écumeur de mer, ils auraient redouté entre tous, sous ta préture, Apronius, ce chef des pirates de terre ferme (1). Et pour bien montrer qu'il a pris ses mesures pour amener le chef substitué à faire aisément et volontiers semblant d'être celui qu'il n'était pas, il commande aux habitants de Centuripe de le traiter pour sa nourriture et de toute manière avec le plus de largesse et de confort.

Substitutions et exécutions de citoyens romains à la place des pirates.

XXVIII 71 Cependant les Syracusains, hommes d'expérience et d'esprit, capables de voir ce que peut pénétrer l'œil et même de deviner ce qui lui échappe, tenaient compte tous les jours de tous les pirates frappés de la hache. Combien en tout il devait y avoir de captifs, c'est ce qu'ils conjecturaient d'après le tonnage du vaisseau pris et d'après le nombre des rames. Verrès, ayant mis à part et emmené tous ceux qui avaient quelque peu de talent ou de beauté, se doutait que le peuple se récrierait s'il attachait au poteau, suivant la coutume, tous les restants à la fois, les manquants étant tellement plus nombreux que les présents. Aussi, bien qu'il eût pris le parti de les livrer au supplice à des moments différents, il n'y avait pourtant personne dans une si grande population qui ne connût exactement leur compte et leur nombre, qui ne regrettât l'absence des autres et même ne les réclamât et ne les exigeât avec instances. 72 Un grand nombre faisant défaut, cet homme sans aucun scrupule religieux se mit à substituer et supposer, à la place des pirates qu'il avait emmenés chez lui, des citoyens romains qu'il avait jetés auparavant en prison ; les uns, il les accusait faussement d'avoir été des soldats de Sertorius, qui en

(1) C'était un agent de Verrès. Voir son portrait, t. IV, *de frumento*, IX, 22, 23 et *passim*, notamment XIV et XV, 36-40, XXIII-XXXIII, 56-77, XLVI-LI, 109-120, LVI-LXVIII, 129-159, etc.

maxime mediterraneos, summos aratores, qui nomen numquam timuissent maritumi praedonis, unum te praetore horruissent Apronium, terresstrem archipiratam. Et ut quiuis facile perspiceret id ab isto actum esse ut ille suppositus facile et libenter se illum qui non erat esse simularet, imperat Centuripinis ut *is* uict*u* ceterisque rebus quam liberalissume commodissumeque haberetur.

XXVIII **71** Interea Syracusani homines periti et humani, qui non modo ea quae perspicua essent uidere, uerum etiam occulta suspicari possent, habebant rationem omn*ium* cotidie piratarum qui securi ferirentur. Quam multos esse oporteret, ex ipso nauigio quod erat captum et ex remorum numero coniciebant. Iste quod omnis, qui artifici aliquid habuerant aut formae, *remouerat atque* abduxerat, reliquos s*i*, ut consuetudo est, uniuersos ad palum alligasset, clamorem populi fore suspicabatur, cum tanto plures abducti essent quam relicti. Propter hanc causam cum instituisset alios alio tempore producere, tamen in tanto conuentu nemo erat quin rationem numerumque haberet et reliquos non desideraret solum, sed etiam posceret et flagitaret. **72** Cum magnus numerus deesset, tum iste homo nefarius in *e*orum locum quos domum suam de piratis abduxerat, substituere et subponere coepit ciues Romanos quos in carcerem antea coniecerat, quorum alios Sertorianos milites fuisse insimulabat et ex Hispania

70 is *PQH* : ei *RS* || uictu *PQH* : —tus *RS*.
71 omnium *Ernesti* : —nes *codd.* || remouerat atque *om. RS* || si ut *vulg.* : sic ut *codd.* || propter hanc... *adest V* || et flagitaret *om. V*.
72 eorum *PQH* : forum *RS* || quos *cet.* : quos ceruos *V* || alios *cet.* : alteros *V* || insimulabat *cet.* : —mulat *V*.

fuyant d'Espagne avaient abordé en Sicile (1) ; les autres, qui avaient été pris par les pirates quand ils naviguaient pour leur commerce ou pour quelque autre affaire, il alléguait qu'ils s'étaient associés volontairement aux pirates. Aussi, de ces citoyens romains, les uns étaient traînés de la prison au poteau et à la mort, la tête voilée, pour empêcher de les reconnaître ; les autres, quoique reconnus par beaucoup de leurs concitoyens et malgré les protestations de tous, étaient frappés de la hache. De leur mort très affreuse et de leur supplice très cruel je parlerai quand j'en arriverai à ce point, et j'en parlerai avec tant de feu que si, dans les plaintes présentées sur la cruauté de Verrès et la très indigne mort de citoyens romains, la force ou même la vie vient à me manquer, je regarderai comme une gloire et une joie de mourir pour une telle cause.

73 Voilà donc l'exploit de Verrès, voilà son illustre victoire : un brigantin capturé, le chef des pirates mis en liberté, les musiciens envoyés à Rome ; des hommes remarqués pour leur beauté, leur jeunesse ou leurs talents, emmenés chez le préteur ; pour les remplacer et pour compléter le nombre des captifs, des citoyens romains mis en croix comme des ennemis et périssant de mort violente ; toutes les étoffes enlevées, tout l'or et toute l'argenterie enlevés et détournés.

XXIX Or comment s'est-il enferré lui-même dans la première partie du procès? Lui qui tant de jours avait gardé le silence, soudain, quand M. Annius (2), homme très en vue, témoignait, déclarait qu'un citoyen romain avait été frappé de la hache, et le chef des pirates, non, il bondit ; le sentiment de son crime et la folie causée par ses méchantes actions le firent se lever et il dit que, s'attendant à être accusé d'avoir reçu de l'argent et de n'avoir pas

(1) Après l'assassinat de leur chef par Perpenna en 72, les soldats de Sertorius débandés avaient pris différentes directions.

(2) Chevalier romain établi à Syracuse. Voir t. II, *de praet. urb.* V, 14.

fugientis ad Siciliam adpulsos esse dicebat, alios qui a praedonibus erant capti cum mercaturas facerent aut aliquam ob causam nauigarent, sua voluntate cum piratis fuisse arguebat, Itaque alii ciues Romani, ne cognoscerentur, capitibus obuolutis e carcere ad palum atque ad necem rapiebantur, alii, cum a multis ciuibus Romanis cognoscerentur, ab omnibus defenderentur, securi feriebantur. Quorum ego de acerbissima morte crudelissimoque cruciatu dicam, cum eum locum tractare coepero, et ita dicam ut si me in ea querimonia, quam sum habiturus de istius crudelitate et de ciuium Romanorum indignissuma morte, non modo uires, uerum etiam uita deficiat, id mihi praeclarum et iucundum putem. **73** Haec igitur est gesta res, haec uictoria praeclara : myoparone piratico capto, dux liberatus, symphoniaci Romam missi, formosi homines et adulescentes et artifices domum abducti, in eorum locum et ad eorum numerum ciues Romani hostilem in modum cruciati *et necati*, omnis uestis ablata, omne aurum et argentum ablatum et auersum.

XXIX At quemadmodum ipse se induit priore actione ! qui tot dies tacuisset, repente in M. Anni hominis splendidissimi testimonio, cum is ciuem Romanum dixisset, archipiratam negasset securi esse percussum, exsiluit conscientia sceleris et furore ex maleficiis concepto excitatus, dixit se, quod sciret sibi crimini datum iri pecuniam accepisse neque de uero archipirata sump-

72 praedonibus *cet.* : praetoribus *RS* || erant capti *cet* : c. e. *V* || aliquam *cet.* : alios quam *V* || capitibus obuolutis e carcere *cet.* : inuolutis e carcere capitibus *V* || defenderentur *cet.* : —retur *V* || *post* crudelissimoque *deest V.*
73 et necati *om. RS* || iri *PQH* : ire *RS.*

livré au supplice le vrai chef des pirates, c'était pour ce motif qu'il ne l'avait point frappé de la hache ; dans sa maison, ajouta-t-il, près de lui il y avait deux chefs de pirates.

74 O clémence du peuple romain, ou plutôt patience étonnante et unique ! M. Annius, chevalier romain, dit qu'un citoyen romain a été frappé de la hache ; tu ne dis mot. Il déclare que le chef des pirates ne l'a pas été ; tu l'avoues. Le peuple romain fait entendre un murmure et des cris, et cependant, au lieu de t'infliger un supplice immédiat, il se contient, se modère et remet à la sévérité des juges la défense de son salut.

Quoi ! tu savais qu'on allait t'accuser ? Pourquoi le savais-tu ? Pourquoi même en avais-tu le soupçon ? Tu n'avais aucun ennemi personnel. Si tu en avais eu, tu n'avais pourtant pas vécu de façon à avoir toujours dans l'esprit la peur d'un procès. Est-ce, comme il arrive d'ordinaire, le remords qui te rendait craintif et soupçonneux? Toi donc qui, possédant l'autorité suprême, frissonnais dès lors en pensant à l'accusation et au tribunal, peux-tu, une fois convaincu par tant de témoins, douter de la condamnation ?

75 Si tu redoutais cette accusation et qu'on ne vînt dire que tu en avais mis un autre à la place du chef des pirates pour être frappé de la hache, quel moyen de défense croyais-tu donc devoir être le plus fort : contraint par mes instances, présenter au cours du procès, devant des gens qui ne le connaissaient pas et après tant de temps, un homme que tu prétendais être le chef des pirates, ou le frapper de la hache tout de suite, à Syracuse, devant des gens qui le connaissaient, à la vue de la Sicile presque tout entière ?

Vois quelle différence entre les deux conduites à tenir : dans le dernier cas, nul blâme ne pouvait t'atteindre ; dans ton cas, impossibilité de te défendre. Aussi toujours tous ont-ils pris le dernier parti ; ton système, qui avant toi, qui sauf toi l'a suivi, je te le demande ? — Tu as gardé un pirate vivant. — Jusqu'à quel moment ? Tant que tu

sisse supplicium, ideo *se* securi non percussisse ; domi esse apud sese archipiratas dixit duos. 74 O clementiam populi Romani seu potius patientiam miram ac singularem ! Ciuem Romanum securi esse percussum M. Annius eq*ues* Romanus dicit ; taces ; archipiratam negat ; fateris. Fit gemit*us* omnium et clamor, cum tamen a praesenti supplicio tuo continuit populus Romanus se et repressit et salutis suae rationem iudicum seuerita*ti* reseruauit.

Quid ? sciebas tibi crimini datum iri ? quamobrem sciebas, quamobrem etiam suspicabare ? Inimicum habebas neminem ; si haberes, tamen non ita uixeras ut metum iudici propositum habere deberes. An te, id quod fieri solet, conscientia timidum suspiciosumque faciebat ? Qui igitur cum esses cum imperio, iam tum crimen et iudicium horr*u*eris, cum tot testibus coarguare, potes de damnatione dubitare ? 75 Verum si crimen hoc metuebas, nequis suppositum abs te esse diceret qui pro archipirata securi feriretur, utrum tandem tibi ad defensionem firmius fore putasti, in iudicio coactu atque efflagitatu meo producer*e* ad ignotos, tanto post, eum quem archipiratam esse diceres, an recent*i* re Syracusis apud notos inspectante Sicilia paene tota securi ferire ? Vide quid intersit, utrum faciendum fuerit ; in illo reprensio nulla *esset, hic defensio nulla* est. Itaque illud semper *omn*es fecerunt ; hoc quis ante te, *quis* praeter te fecerit quaero. Piratam uiuom tenuisti. Quem

73 se securi *codd. rec.* : esse curi *RS* securi *PQH*.
74 gemitus *PQH* : —tis *RS* ‖ seneritati *PQH* : —te *RS* ‖ horrueris *codd. rec.* : horreris *RS* horrebas *PQH*.
75 producere *PQH* : —ceretur *RS* ‖ recenti *PQH* : —ta *RS* ‖ esset —nulla *om. RS* ‖ omnes *PQH* : homines *RS* ‖ quis praeter *PQH* : praeter *RS*.

as exercé l'autorité suprême. Pour quel motif ? D'après quel exemple ? Pourquoi si longtemps ? Pourquoi, dis-je, quand des citoyens romains, pris par des pirates, ont été frappés aussitôt de la hache, as-tu laissé aux pirates mêmes si long usage de la vie ?

76 Passons pourtant ; admettons que tu en eusses la liberté tout le temps que tu as eu l'autorité suprême ; mais simple particulier, mais accusé, mais presque condamné, pouvais-tu garder encore des chefs ennemis dans une maison particulière ? C'est un, deux mois, presque une année entière enfin que chez toi des pirates depuis le temps de leur capture sont restés, tant que je te l'ai permis, ou plutôt tant que l'a permis Manius Glabrion, qui sur ma demande a ordonné de les en tirer et de les jeter en prison.

XXX Où est le droit en cette affaire? Où est la coutume? Où sont les précédents ? Un ennemi très acharné et très implacable du peuple romain, ou plutôt l'ennemi commun de toutes les races et de tous les peuples, quel simple particulier entre tous les mortels pourra le garder dans l'asile fermé de sa demeure ?

77 Si la veille du jour où tu as été contraint par moi d'avouer que des citoyens romains avaient été frappés de la hache, que le chef des pirates vivait, qu'il habitait chez toi, si, dis-je, la veille il s'était enfui de ta demeure, s'il eût pu grouper quelque bande contre l'État, qu'allèguerais-tu ? — « C'est chez moi qu'il habitait, avec moi qu'il vivait, c'est moi qui en vue de mon procès, l'ai conservé vivant et intact pour être plus facilement en mesure d'anéantir l'accusation de mes adversaires. » — Quoi ! vraiment ? Tu écarteras de toi le danger en créant un danger public ? Les supplices que l'on doit infliger à des ennemis vaincus, tu en marqueras la date suivant ton intérêt et non celui de l'État ? Un ennemi du peuple romain sera tenu sous la garde d'un particulier ? Or même ceux qui vont recevoir le triomphe et pour ce motif gardent plus longtemps en vie les chefs des ennemis, afin que leur présence dans le cor-

ad finem ? Dum cum imperio fuisti. Quam ob causam, quo exemplo, cur tam diu ? Cur, inquam, ciuibus Romanis quos piratae ceperant securi statim percussis, ipsis piratis lucis usuram tam diuturnam dedisti ? **76** Verum esto, sit *tibi* illud liberum omne tempus quoad cum imperio fuisti. Etiamne priuatus, etiamne reus, etiamne paene damnatus hostium duces priuata in domo retinuisti ? Vnum, alterum mensem, propre annum denique domi tuae piratae, a quo tempore capti sunt, quo*ad per* me licitum est, fuerunt, hoc est quoad per M'. Glabrionem licitum est, qui, postulante me, produci atque in carcerem condi imperauit. XXX Quod est huiusce rei ius, quae consuetudo, quod exemplum ? Hostem acerrimum atque infestissimum populi Romani seu potius communem hostem gentium nationumque *omnium quisquam* omnium mortalium priuatus intra moenia domi suae retinere poterit ? **77** Quid ? si pridie quam a me tu coactus es confiteri, ciuibus Romanis securi percussis, praedonum ducem uiuere, habitare apud te, si, inquam, pridie domo tua profugisset, si aliquam manum contra rem publicam facere potuisset, quid diceres ? « Apud me habitauit, mecum fuit ; ego illum ad iudicium meum, quo facilius crimen inimicorum diluere possem, uiuum atque incolumem reservaui. » Itane uero ? tu tua pericula communi periculo defendes ? tu supplicia quae debentur hostibus uictis, ad tuum, non ad rei publicae tempus conferes ? Populi Romani hostis priuati hominis custodiis adseruabitur ? At etiam qui triumphant eoque diutius uiuos hostium duces reseruant ut his per trium-

76 sit tibi *PQH* : siti *RS* || quoad *PQH* : quod *RS* || per me *PQH* : me *RS* || omnium quisquam *om. RS.*
77 pridie *PQH* : postridie *RS* || meum *PQH* : mecum *RS.*

tège triomphal offre au peuple romain le spectacle et le fruit le plus beau de la victoire, les font pourtant conduire en prison, quand les chars commencent à tourner du Forum vers le Capitole, et le même jour voit finir le pouvoir des vainqueurs et la vie des vaincus.

78 Et maintenant, je crois, on doute que tu eusses commis la faute, surtout t'étant mis dans la tête, comme tu dis, qu'il te faudrait passer en justice — de ne pas frapper de la hache le chef des pirates plutôt que de le laisser vivre, ce qui sautait aux yeux, à tes risques et périls (1) ! En effet, s'il était mort naturellement, toi qui dis avoir craint d'être accusé, à qui prouverais-tu cette vérité ? Étant bien établi qu'à Syracuse nul n'avait vu, et que tout le monde avait cherché à voir ce chef de pirates, personne ne doutant qu'il n'eût été délivré par toi à prix d'argent, le bruit courant qu'il lui avait été substitué quelqu'un que tu voulais faire passer pour lui, toi même ayant déclaré que, si longtemps avant, tu avais craint d'être accusé, si tu annonçais sa mort, qui te croirait ? **79** Maintenant que tu présentes vivant ce je ne sais qui, tu vois qu'on se moque de toi. Et s'il s'était enfui, s'il avait brisé ses chaînes, comme fit ce Nico, pirate très connu que Servilius ressaisit avec le même bonheur qu'il l'avait pris, que dirais-tu ? Mais voici quel était ton calcul : si un jour le vrai pirate avait été frappé de la hache, tu n'aurais pas reçu cet argent ; si ce faux pirate était mort ou avait pris la fuite, il n'aurait pas été difficile de remplacer ce remplaçant. J'en ai dit plus que je ne voulais sur ce chef de pirates et cependant j'ai laissé de côté les preuves les plus fortes de cette accusation. Je désire en effet réserver ce chef d'accusation tout entier. Il est un endroit précis, une loi déterminée, un tribunal spécial, dont il relève.

(1) L'ironie de Cicéron ne fait qu'accuser davantage la vénalité du préteur : si Verrès n'avait pas été payé pour sauver le chef des pirates, il l'aurait mis à mort plutôt que de se compromettre en le laissant vivre.

phum ductis pulcherrimum spectaculum fructumque uictoriae populus Romanus percipere possit, tamen cum de foro in Capitolium currus flectere incipiunt, illos duci in carcerem iubent, idemque dies et uictoribus imperii et uictis uitae finem facit. **78** Et nunc cuiquam credo esse dubium quin tu id commissurus non fueris, praesertim cum statuisses, ut a*i*s, tibi causam esse dicendam, ut ille archipirata non potius securi feriretur, quam, quod erat ante oculos positum, tuo periculo uiueret ! Si enim esset mortuus, tu qui crimen ais te metuisse, quaero cui probares ? Cum constaret istum Syracusis a nullo uisum esse archipiratam, ab omnibus desideratum, cum dubitaret nemo quin abs te pecunia liberatus esset, cum uolgo loquerentur suppositum in eius locum quem pro illo probare uelles, cum tu te fassus esses id crimen tanto ante metuisse, si eum diceres esse mortuum, quis te audiret ? **79** Nunc cum uiuum nescioquem istum producis, tamen te derideri uides. Quid ? si a*u*fugisset, si uincula rupisset, ita ut *Nico* ille nobilissimus pirata fecit, quem P. Seruilius qua felicitate ceperat, eadem recuperauit, quid diceres ? Verum hoc erat ; si ille semel uerus pirata securi percussus esset, pecuniam illam no haberes ; si hic falsus esset mortuus aut profugisset, non esse*t* difficile alium in suppositi locum supponere. Plura dixi quam uolui de illo archipirata et tamen ea quae certissima sunt huius criminis argumenta praetermisi. Volo esse enim totum mihi crimen hoc integrum ; est certus locus, certa lex, certum tribunal quo hoc reseruetur.

78 ais *PQH* : aliis *RS*.
79 aufugisset *PQH* : aut fug. *RS* || Nico *Cratander* : in eo *codd.* || esset *PQH* : esse *RS*.

Mollesse et libertinage de Verrès.

XXXI 80 S'étant adjugé cette proie si considérable, enrichi d'esclaves, d'argenterie, de belles étoffes, Verrès ne se mit pas avec plus d'empressement à équiper la flotte, à rappeler des soldats sous le pavillon et à les entretenir ; pourtant ces mesures auraient pu assurer avec le salut de la province la possibilité pour lui de nouvelles prises ; car au fort de l'été, au moment où tous les autres préteurs ont eu coutume de parcourir leur province et de la visiter en détail, ou même de prendre la mer quand des pirates étaient cause de tant de terreur et de danger, à ce moment, pour son faste et ses raffinements de délicatesse, il ne se contente pas de sa demeure royale (celle du roi Hiéron, résidence ordinaire des préteurs) : ce sont des tentes couvertes du lin le plus fin, suivant son habitude pendant l'été, — je l'ai exposé plus haut (1) —, qu'il fit placer sur le rivage ; et cette partie du rivage est située à Syracuse dans le quartier de l'Ile, derrière la fontaine d'Aréthuse, là où s'ouvre l'entrée du port, dans un lieu vraiment agréable et loin de tout témoin.

Un Sicilien à la tête de la flotte.

81 C'est là que, pendant les journées d'été, le préteur du peuple romain, le gardien et le défenseur de la province, passait sa vie en des banquets où tous les jours il n'y avait que des femmes, où pas un homme ne se couchait sauf lui et son fils encore vêtu de la prétexte ; et encore, puisqu'il n'y avait qu'eux, j'avais bien raison de dire, sans faire d'exception, qu'il n'y avait pas d'homme du tout. Parfois on allait jusqu'à admettre l'affranchi Timarchide. Or ces femmes étaient mariées, de bonne famille, hormis une, la fille du mime Isidore, que Verrès par amour avait enlevée à un joueur de flûte rhodien ; il y avait la femme d'Aeschrion de Syracuse, une cer-

(1) Voir ch. XII, 29-31.

XXXI **80** Hac tanta praeda auctus, mancipiis, argento, ueste locupletatus, nihilo diligentior ad classem ornandam, milites reuocandos alendosque esse coepit, cum ea res non solum prouinciae saluti, uerum etiam ipsi praedae posset esse. Nam aestate summa, quo tempore ceteri praetores obire prouinciam et concursare consuerunt aut etiam in tanto praedonum metu et periculo ipsi nauigare, eo tempore ad luxuriem libidinesque suas domo sua regia [quae regis Hieronis fuit, qua praetores uti solent] contentus non fuit, tabernacula, quemadmodum consuerat temporibus aestiuis, quod antea demonstraui, carbaseis intenta uelis conlocari iussit in litore, quod est litus in Insula Syracusis post Arethusae fontem propter ipsum introitum atque ostium portus amoeno sane et ab arbitris remoto loco. **81** Hic dies aestivos praetor *populi Romani*, custos defensorque prouinciae, sic uixit ut muliebria cotidie conuiuia essent, uir accumberet nemo praeter ipsum et praetextatum filium (etsi recte sine exceptione dixeram uirum, cum isti essent, neminem fuisse) ; nonnumquam etiam libertus Timarchides adhibebatur, mulieres autem nuptae nobiles, praeter unam mimi Isidori filiam quam iste propter amorem ab Rhodio tibicine abduxerat. E*ra*t Pipa quedam, uxor Aeschrionis Syracusani, de qua

80 uerum etiam *adest rursus V* || ipsi *cet.* : *om. V* || posset *cet.* : possit *RS* || aestate *cet.* : state *RS* || aut etiam tanto *cet.* : ut etiam tot *V* || ipsi *cet.* : ipse *RS* || luxuriem *RS* : —am *cet.* || domo *cet.* : domos *V* || quae—solent *secl. Ernesti* || in insula *cet.* : insula *RS*.

81 aestiuos praetor *RS* : aestinos iam coninuos p. *V* aestiuos sexaginta p. *PQH* || praetor populi Romani *PQH* : pro praetor *V* praetor *RS* || accumberet *cet.* : accubaret *V* || etsi *RS* : tametsi *cet.* || exceptione *om. V* || uirum *cet.* : utrum *RS* || neminem fuisse *clausula inusitata* || ab Rhodio *cet.* : archodio*RS* || Erat *Schuetz* : et *V om. cet.*

taine Pipa, fameuse dans la Sicile tout entière par beaucoup de vers dont la passion de Verrès fait le sujet ;
82 il y avait Nicé, vantée comme une merveille de beauté, femme du syracusain Cléomène (1). Son mari l'aimait ; pourtant de résister au caprice de Verrès, il n'avait ni le moyen ni la hardiesse ; et en même temps il lui était enchaîné par nombre de présents et de bienfaits. A ce moment Verrès — et cependant notre homme est effronté, vous le savez, — ne pouvait guère, le mari étant à Syracuse, en garder la femme avec lui, d'un esprit libre et dispos, sur la plage, pendant tant de jours. Aussi imagine-t-il un biais particulier : les vaisseaux que son lieutenant (2) commandait, il les passe à Cléomène ; à la flotte du peuple romain, c'est le Syracusain Cléomène qu'il donne pour chef et pour maître. Voilà ce qu'il fait pour que l'autre, naviguant, fût loin de chez lui, et même pour que cet éloignement accompagné de beaucoup d'honneurs et de profits lui fût agréable ; et d'autre part Verrès lui-même, une fois le mari écarté et envoyé au loin, gardait la femme avec lui, non pas plus librement qu'avant, (qui en effet fit jamais obstacle à sa débauche (3) ?) mais avec l'esprit plus dispos, ayant écarté non un mari, mais un rival.

83 Des vaisseaux de nos alliés et de nos amis sont donc sous les ordres de Cléomène de Syracuse (4). XXXII De quoi d'abord t'accuser ou me plaindre ? D'avoir donné à un homme de Sicile, la puissance, la dignité, l'ascendant moral d'un lieutenant, d'un questeur (5), enfin d'un préteur ? Si banquets et femmes te retenaient, n'avais-tu pas des questeurs ? des lieute-

(1) Voir ch. XII et la note.
(2) P. Tadius. Voir XXV, 63.
(3) Voir notamment *de praet. urb.* le scandale de Lampsaque, XXIV-XXXIII et *de supp.* ,XI, XII, XIII, XV.
(4) La flotte devait être commandée par un Romain.
(5) Le questeur de Verrès était P. Caesetius.

muliere plurimi uersus qui in istius cupiditate*m* facti sunt, tota Sicilia percelebrantur ; **82** erat Nice, facie eximia, ut praedicatur, uxor Cleomeni Syracusani. Hanc [Cleomenes] uir amabat, uerum tamen huius libidini aduersari nec poterat nec audebat, et simul ab isto donis beneficiisque multis deuinciebatur. Illo autem tempore iste, tametsi east hominis impudentia quam nostis, ipse tamen cum uir esset Syracusis, uxorem eius parum poterat animo soluto ac libero tot in acta dies secum habere. Itaque excogitat rem singularem. Naues, quibus legatus praefuerat, Cleomeni tradit ; classi populi Romani Cleomenem Syracusanum praeesse iubet atque imperare. Hoc eo facit ut ille non solum abesset a domo, [tum] dum nauigaret, sed etiam libenter cum magno honore beneficioque abesset, ipse autem remoto atque ablegato uiro non liberius quam antea (quis enim umquam istius libidini obstitit ?), sed paulo solutiore tamen animo secum illam haberet, si non tamquam uirum, se*d* tamquam aemulum remouisset.

83 Accipit nauis sociorum atque amicorum Cleomenes Syracusanus. XXXII Quid primum aut accusem aut querar ? Siculone homini legati, quaestoris, praetoris denique potestatem, honorem, auctoritatem dari ? Si te impediebat ista conuiuiorum mulierumque occupatio, ubi

81 cupiditatem *codd. rec.* :—te *nostri.*

82 Cleomeni *cet.* : —nis V ‖ Cleomenes *secl. Kayser* ‖ uerum *cet.* : utrum *RS* ‖ Cleomenes — audebat *habet* SEVER. *H* 367, 29 ‖ aduersari nec p. *nostri* : nec a. p. SEVER. ‖ acta *cet.* : actos *V* ‖ Itaque *cet.* : ita ut *V* ‖ dum *V* : tum dum *RS* tum cum *PQH* ‖ ablegato *cet.* : abalienato *RS* ‖ opstitit sed *cet.* : opstitisset *V* ‖ tamen animo *RS* : a. t. *cet.* ‖ sed *vulg.* : set *RS* at *VPQH* ‖ aemulum *cet.* : mulum *RS.*

83 primum aut *cet.* : primum autem aut *V* ‖ dari *cet.* : dare *V.*

nants ? [du blé évalué à trois deniers ? des mulets, des tentes, de si nombreuses et si importantes fournitures que le Sénat et le peuple romain accordent et abandonnent aux magistrats et à leurs lieutenants] (1) ? Enfin que faisais-tu de tes préfets et de tes tribuns ? S'il n'y avait près de toi aucun citoyen romain digne de cette charge, n'était-il personne dans les cités restées toujours fidèles à l'amitié et l'alliance de Rome? à Ségeste, à Centuripe qui sont liées au peuple romain par des services, la foi jurée, l'ancienneté des relations, et même la parenté (2) ? **84** Eh quoi ! ô dieux immortels ! Si le Syracusain Cléomène a reçu l'ordre de commander les soldats, les navires, les capitaines de vaisseaux de ces cités mêmes, n'as-tu pas méconnu par là ce qui est dû au rang, à la justice, à la reconnaissance ? Quelle guerre avons-nous faite en Sicile, sans avoir les habitants de Centuripe pour alliés et les Syracusains comme ennemis ? Je ne veux que rappeler des faits anciens et non pas adresser des reproches méprisants à une cité (3). Voilà pourquoi Marcellus, ce héros très illustre et ce très grand général, qui prit Syracuse par sa valeur et la conserva par sa clémence, ne permit à aucun Syracusain d'habiter cette partie de la ville qui s'appelle l'Ile. Aujourd'hui encore, dis-je, il est interdit à un Syracusain de résider en ce quartier. En effet c'est un poste que même un petit nombre d'hommes pourrait défendre. Aussi ne voulut-il pas le confier à des hommes dont la fidélité ne fût pas à toute épreuve et, de plus, parce que de ce côté de la ville entrent les vaisseaux venant du large. Marcellus jugea, pour ce motif, qu'il ne fallait pas faire de ceux qui l'avaient fermée souvent à nos armées les gardiens de cette porte. **85** Vois la différence entre ton caprice

(1) Voir t. IV, *de frumento*, LXXXI, 188-LXXXVII, 203.

(2) A cause de leur origine troyenne, ayant été fondées par des compagnons d'Énée.

(3) Cicéron ne tient compte ni de la fidélité de Syracuse sous Hiéron (269-216) ni du pillage de la ville permis par Marcellus (212).

quaestores, ubi legati, [ubi ternis denariis aestumatum frumentum, ubi muli, ubi tabernacula, ubi tot tantaque ornamenta magistratibus et legatis a senatu populoque Romano permissa et data], denique ubi praefecti, ubi tribuni tui ? Si ciuis Romanus dignus isto negotio nemo fuit, quid ciuitates quae in amicitia fideque populi Romani perpetuo manserant ? ubi Segestana, ubi Centuripina ciuitas ? Quae cum officiis, fide, uetustate, tum etiam cognatione populi Romani nomen attingunt. **84** O di immortales! Quid ? si harum ipsarum ciuitatum militibus, nauibus, nauarchis, Syracusanus Cleomenes iussus est imperare, non omnis honos ab isto dignitatis, aequitatis officiique sublatus est ? Eequod in Sicila bellum gessimus, quin Centuripinis sociis, Syracusanis hostibus uteremur? Atque haec ego ad memoriam uetustatis, non ad contumeliam ciuitatis referri volo. Itaque ille uir clarissimus summusque imperator, M. Marcellus, cuius uirtute captae, misericordia conseruatae sunt Syracusae, habitare in ea parte urbis quae in Insula est Syracusanum neminem uoluit ; hodie, inquam, Syracusanum in ea parte habitare non licet ; est enim locus quem uel pauci poss*int* defendere. Committere igitur eum non fidelissimis hominibus noluit, simul quod ab illa parte urbis nauibus aditus ex alto est. Quamobrem qui nostros exercitus saepe excluserant, iis claustra loci commitenda non existimauit. **85** Vide quid

83 ubi legati *om.* *V* || ubi ternis — data *secl.* *Ernesti* || populoque Romano *cet.* : populoque r. *V* || ciuis *cet.* : ciues *V* || p. r. nomen *cet.* : p. r. *RS*.

84 si *cet.* : in *V* || hacc ego *RS* : ego haec *V* haec omnia *PQH* || in ea *om.* *RS* || Syracusanum *cet.* : —orum *RS* || possint *Ernesti* : possent *VRS* possunt *PQH* || eum non *cet.* : eum non ante *V* || quod ab *cet.* : ab *V*.

et la tradition constante de nos ancêtres, entre tes folles amours et leurs sages résolutions. Eux ont ôté l'accès du rivage aux Syracusains, tu leur as accordé le commandement suprême de la mer ; eux n'ont pas voulu laisser résider le Syracusain en un lieu que les navires pussent accoster ; tu as voulu qu'un Syracusain fût le chef de la flotte et des vaisseaux. A ceux qu'ils avaient privés d'une partie de leur ville, tu as donné une part de notre puissance suprême, et les alliés dont le concours a soumis les Syracusains à notre autorité tu les as soumis par ordre à l'autorité d'un Syracusain.

XXXIII **86** Cléomène sort du port sur le vaisseau à quatre rangs de rames de Centuripe : à la suite, le navire de Ségeste, ceux de Tyndaris, d'Herbita, d'Héraclée, d'Apollonia, d'Haluntium, belle flotte en apparence, mais vide et faible à cause des congés des soldats et des rameurs. Pendant toute la durée de sa préture, notre consciencieux préteur n'a vu la flotte que le temps qu'elle a mis à longer le lieu de son très scandaleux banquet ; invisible lui-même depuis plusieurs jours, il se montra un moment, pourtant, aux yeux des matelots. Chaussé de sandales, revêtu d'un manteau de pourpre et d'une tunique tombant jusqu'aux talons, le préteur du peuple romain, appuyé sur une petite femme, se tint debout sur le rivage. Le fait est que nombre de Siciliens et de citoyens romains l'ont vu souvent ainsi accoutré. **87** Quand la flotte eut un peu avancé et eût fini après cinq jours par accoster Pachynum (1), les matelots, contraints par la faim, ramassaient des racines de palmiers sauvages qui abondent en ces lieux comme dans une grande partie de la Sicile, et c'était de ces aliments que ces malheureux et ces désespérés se nourrissaient. Quant à Cléomène, se croyant un second Verrès, aussi bien par le goût des plaisirs et la déprava-

(1) Aujourd'hui Passaro, promontoire au S.-E. de la Sicile La durée ordinaire de ce trajet ne dépassait pas deux jours, quand les vaisseaux avaient équipement normal et effectif suffisant.

intersit inter tuam libidinem maiorumque auctoritatem, inter amorem furoremque tuum et illorum consilium atque prudentiam. Illi aditum litoris Syracusanis ademerunt, tu imperium maritumum concessisti ; illi habitare in eo loco Syracusanum qua naues accedere possent noluerunt, tu classi et nauibus Syracusanum praeesse uoluisti ; quibus illi urbis suae partem ademerunt, his tu nostri imperii partem dedisti, et quorum sociorum opera Syracusani nobis dicto audientes sunt, eos Syracusano dicto audientes esse iussisti.

XXXIII **86** Egreditur in Centuripina quadriremi Cleomenes e portu ; sequitur Segestana nauis, Tyndaritana, Herbitensis, Heracliensis, Apolloniensis, Haluntina, praeclara classis in speciem, sed inops et infirma propter dimissionem propugnatorum atque remigum. Tam diu in imperio suo classem iste praetor diligens uidit, quam diu conuiuium eius flagitissiosissimum prateruecta est : ipse autem qui uisus multis diebus non esset, tum se tamen in conspectum nautis paulisper dedit. Stetit soleatus praetor populi Romani cum pallio purpureo tunicaque talari muliercula nixus in litore. Nam hoc istum uestitu Siculi ciuesque Romani permulti saepe uiderunt. **87** Posteaquam paulum prouecta classis est et Pachynum quinto die denique adpulsa, nautae coacti fame radices palmarum agrestium, quarum erat in illis locis sicuti in magna parte Siciliae multitudo, colligebant et iis miseri perditique alebantur ; Cleomenes autem qui alterum se Verrem cum luxurie ac nequitia, tum etiam

85 *Post* inter tu —*decot V*.
86 in speciem *codd. rec.* : in specie *nostri* || Stetit — litore *habet* QVINT. *Inst. Or.* 8, 3, 64 *et* VICTOR *H.* 436, 20 || Stetit —Romani *habet* QVINT. *Inst. Or.*, 11, 3, 90 || pallio *nostri et* QVINT : palliolo VICTOR || nam *Ernesti* : iam *nostri.*

tion que par l'autorité absolue, comme lui pendant des jours entiers sur le rivage où il avait dressé sa tente, il buvait jusqu'à saturation.

Défaite navale.

XXXIV Or voici que soudain, Cléomène étant ivre et tous les autres mourant de faim, on annonce que des vaisseaux de pirates sont dans le port d'Odyssée ; tel est le nom de cette pointe. Notre flotte était dans le port de Pachynum. Comme il y avait nominalement, mais non en réalité des troupes de terre, Cléomène espéra pouvoir compléter avec des soldats qu'il aurait emmenés de cette garnison le nombre des matelots et des rameurs. Mais on découvrit que Verrès avait usé pour les garnisons du même système que pour les flottes ; car il ne restait là que très peu d'hommes, tous les autres étaient en congé. **88** Le premier, Cléomène sur le vaisseau à quatre rangs de rames de Centuripe commanda de dresser le mât, de larguer les voiles, de couper les câbles des ancres et en même temps, pour se faire suivre de tous les autres, de donner le signal du départ. Ce vaisseau de Centuripe était un voilier d'une incroyable rapidité ; car, sous la préture de Verrès, nul ne pouvait savoir ce que chaque navire pouvait faire avec ses rames. Et pourtant ce vaisseau à quatre rangs de rames, à cause de la dignité et du crédit de Cléomène, manquait le moins de rameurs et de soldats. Alors dans sa fuite, le vaisseau à quatre rangs de rames s'était presque dérobé à la vue, quand tous les autres navires, à la même place, cherchaient encore à s'ébranler. **89** Ceux qui restaient en arrière avaient du courage. Ils avaient beau être peu nombreux, malgré leur situation critique ils criaient qu'ils voulaient combattre et préféraient perdre par le fer le peu de vie et de forces que la faim leur avait laissé. Si Cléomène n'avait pas fui si longtemps avant, il y aurait eu pourtant quelque moyen de résister. Son vaisseau, en effet, était le seul ponté et si grand qu'il aurait pu servir de rempart à tous les autres ; s'il se fût trouvé dans un combat de corsaires, il eût semblé comme un donjon

imperio putaret, similiter totos dies in litore tabernaculo posito perpotabat.

XXXIV. Ecce autem repente, ebrio Cleomene, esurientibus ceteris, nuntiatur piratarum esse nauis in portu Odysseae; nam ita is locus nominatur; nostra autem classis erat in portu Pachyni. Cleomenes autem, quod erat terrestre praesidium non re, sed nomine, sperauit iis militibus quos ex eo loco deduxisset, explere se numerum nautarum et remigum posse. Reperta est eadem istius hominis auarissimi ratio in praesidiis quae in classibus; nam erant perpauci reliqui, ceteri dimissi.
88 Princeps Cleomenes in quadriremi Centuripina malum erigi, uela fieri, praecidi ancoras imperauit et simul ut se ceteri sequerentur signum dari iussit. Haec Centuripina nauis erat incredibili celeritate uelis; nam scire, isto praetore, nemo poterat quid quaeque nauis remis facere posset; etsi in hac quadriremi propter honorem et gratiam Cleomenis minime multi remiges et milites deerant. Euolarat iam e conspectu fere fugiens quadriremis, *cum* etiam tum ceterae naues uno in loco moliebantur.
89 Erat animus in reliquis; quamquam erant pauci, quoquo modo res se habebat, pugnare tamen se uelle clamabant, et quod reliquum uitae uiriumque fames fecerat, id ferro potissimum reddere uolebant. Quod*si* Cleomenes non tanto ante fugisset, aliqua tamen ad resistendum ratio fuisset. Erat enim sola illa nauis constrata et ita magna ut propugnaculo ceteris posset esse; quae si in pradonum pugna uersaretur, urbis instar

87 posito perpotabat *clausula inusitata* || Ecce —ceteris *habet* SERV. *auct. Aen.* 2, 203 || ecce —cunctis *(sic) habet* DON. *Ter. Ad.* 722.
88 deerant *PQH* : dederant *RS* || cum *PQH* : qui *RS*.
89 Quodsi *PQH* : quod *RS*.

parmi ces brigantins de pirates ; mais vides et délaissés par leur chef et par leur amiral, ils se mirent de nécessité à faire même route. **90** C'est du côté d'Hélore (1) que tous les autres, comme Cléomène lui-même, naviguaient. Ils fuyaient moins l'attaque des pirates qu'ils ne suivaient leur commandant. Alors le dernier dans cette fuite occupait la première place dans le danger ; car c'était toujours le dernier vaisseau que les pirates assaillaient le premier. Ainsi le premier pris est le vaisseau d'Haluntium, commandé par un citoyen de cette ville, un homme bien connu, Phylarque, racheté plus tard, aux frais de l'État, par les habitants de Locres (2) ; c'est lui qui sous la foi du serment, dans la première partie du procès, vous a fait connaître tout le détail et l'origine de cette affaire. Ensuite c'est le vaisseau d'Apollonia qui est pris et son capitaine Anthropinus est tué. XXXV **91** Pendant ces événements, Cléomène était parvenu déjà au rivage d'Hélore ; dès lors il avait sauté du vaisseau à terre et avait laissé le bâtiment à quatre rangs de rames ballotté par l'agitation des flots (3). Une fois leur général en chef débarqué, les autres commandants, ne pouvant d'aucune manière ni lutter ni se sauver par mer, firent aborder leurs vaisseaux à Hélore et suivirent jusqu'au bout Cléomène. Alors soudain le chef des pirates Héracléon, vainqueur contre son espoir, non par sa vaillance, mais à cause de l'avidité et de la dépravation de Verrès, ordonna au déclin du jour que cette très belle flotte du peuple romain, repoussée et jetée sur le rivage, fût embrasée et consumée.

92 O moment malheureux et cruel pour la province de Sicile ! O aventure désastreuse et funeste à bien des

(1) Aujourd'hui Muri-Ucci, au S. E. de la Sicile, au-dessus de Pachynum.

(2) Colonie grecque au S. du Bruttium.

(3) Il aurait dû, suivant l'usage, le faire tirer sur la plage où les flots finissent par le repousser avec les autres vaisseaux.

habere inter illos piraticos myoparones uideretur. Sed tum inopes relicti ab duce praefectoque classis eundem necessario cursum tenere coeperunt. **90** *H*elorum uersus ut ipse Cleomenes, ita ceteri nauigabant, neque *ii* tam praedonum impetum fugiebant quam imperatorem sequebantur. Tum ut quisque in fuga postremus, ita in periculo princeps erat; postremam enim quamque nauem piratae primam adoriebantur. Ita prima Haluntinorum nauis capitur, *c*ui praeerat Haluntinus homo nobilis Phylarchus, quem ab illis praedonibus Locrenses postea publice redemerunt, ex quo uos priore actione iurato rem omnem causamque cognostis. Deinde Apolloniensis navis capitur, et eius praefectus Anthropinus occiditur. XXXV **91** Haec dum aguntur, interea Cleomenes iam ad *H*elori litus peruenerat; iam sese in terram e naui eiecerat quadriremem que fluctuantem in salo reliquerat. Reli*qui* praefecti nauium, cum in terram imperator exisset, cum ipsi neque repugnare neque mari effugere ullo modo possent, adpulsis ad *H*elorum nauibus, Cleomenem persecuti sunt. Tum praedonum dux Heracleo repente praeter spem, non sua uirtute, sed istius auaritia nequitiaque uictor classem pulcherrimam populi Romani in litus expulsam et eiectam, cum primum inuesperasceret, inflammari incendique iussit.

92 O tempus miserum atque acerbum prouinciae Siciliae! o casum illum multis innocentibus calamitosum

90 Helorum *Augustinus* : Pe —*codd.* || ii *PQH* hii *RS* || cui *PQH* : qui *RS*.

91 Helori *Augustinus* : Pe —*codd.* || in salo reliquerat *clausula inusitata* || reliqui *PQH* : relicti *RS* || Helorum *Augustinus* : Pe — *codd.* || praedonum — spem *et* classem — Romani et cum primum — calamitosum (§ 92) *habet* SEVER. *H.* 364, 18.

92 O tempus — calamitosum *habet* SEVER. *H.* 364, 21.

hommes qui n'en pouvaient mais (1) ! O dépravation et infamie unique de Verrès ! Dans cette seule et même nuit, le préteur allumé par la plus honteuse passion et la flotte du peuple romain incendiée par les pirates brûlaient de compagnie (2). On apporte en pleine nuit l'importante nouvelle de ce malheur à Syracuse ; on accourt au palais du préteur, où, au sortir de ce beau festin, l'avaient ramené, un peu avant, ses femmes avec accompagnement de chants et de musique. Cléomène — et pourtant il faisait nuit — n'ose paraître dehors ; il se renferme en sa demeure ; et il n'y avait pas sa femme (3) pour consoler cet homme en ses disgrâces ! **93** Or notre beau gouverneur avait établi chez lui une discipline si sévère que, pour une affaire si considérable et une nouvelle si importante, on ne laissait entrer personne qui osât le faire lever, s'il dormait ou l'interrompre, s'il était éveillé. Mais alors, tous étant informés de la catastrophe, une très grande foule courait çà et là par toute la ville. En effet on n'était pas comme toujours, suivant l'ancienne coutume, averti de l'arrivée de corsaires par le feu montant d'un poste ou d'une hauteur, mais la flamme sortant du foyer d'incendie des vaisseaux annonçait le malheur subi et le danger menaçant. XXXVI On cherchait le préteur ; quand il fut évident que personne ne lui avait appris la nouvelle, la foule se rue en criant vers sa demeure et l'assaille. **94** Alors il se lève, apprend toute l'affaire par Timarchide, prend un manteau militaire (il faisait alors presque jour), paraît en public, alourdi par le vin, le sommeil, la débauche. Il est accueilli par tous avec de tels cris que la vision d'un danger pareil à celui de Lampsaque (4) se présente à ses yeux. Le péril ici semblait même plus grand, parce que, si la haine

(1) Verrès ne laissera pourtant pas de les faire emprisonner et mettre à mort.

(2) Ce trait qui peut sembler de mauvais goût rend Verrès à la fois odieux et ridicule.

(3) Voir XXXI, 82.

(4) En Asie-Mineure, voir t. II, *de praet. urb.*, XXV, 64-XXVIII 71.

atque funestum ! o istius nequitiam ac turpitudinem singularem ! Vna atque eadem nox erat qua praetor amoris turpissumi flamma, classis populi Romani praedonum incendio conflagrabat. Adfertur nocte intempesta grauis huiusce mali nuntius Syracusas ; curritur ad praetorium, quo istum ex illo praeclaro conuiuio reduxerant paulo ante mulieres cum cantu atque symphonia. Cleomenes, quamquam nox erat, tamen in publico esse non audet, includit se domi ; neque aderat uxor quae consolari hominem in malis posset. **93** Huius autem praeclari imperatoris ita erat seuera domi disciplina ut in re tanta et tam graui nuntio nemo admitteretur, nemo esset qui auderet aut dormientem excitare aut interpellare uigilantem. Iam uero re ab omnibus cognita concursabat urbe tota maxima multitudo. Non enim, sicut erat an*tea sem*per consuetudo, praedonum aduentum significabat ignis e specula sublatus aut tumulo, sed flamma ex ipso incendio nauium et calamitatem acceptam et periculum reliquum nuntiabat. XXXVI Cum praetor quaereretur et constaret neminem ei nuntiasse, fit ad domum eius cum clamore concursus atque impetus. **94** Tum iste excitatus audit rem omnem ex Timarchide, sagum sumit (lucebat iam fere), procedit in medium, uini, somni, stupri plenus. Excipitur ab omnibus eiusmodi clamore ut ei Lampsaceni periculi similitudo uersaretur ante oculos. Hoc etiam maius hoc uidebatur quod in odio simili multitudo hominum haec erat

92 Adfertur — Syracusas *habet* SEVER. *H.* 364, 23.
93 erat antea semper consuetudo *Halm* : e. anper c. *R.* e. nuper c. *R*² antea c. e. *cet.*
94 Tum *PQH* : cum *RS* || sagum sumit *adest rursus V* || excipitur *RS* : excipit *cet.* || clamore *R*² : —rem *cet.* || ei *cet.* : et *RS* || maius hoc *cet.* : maius *RS* || simili multitudo *cet.* : suisimilitudo *V.*

était la même, la multitude était très considérable. On rappelait son séjour sur le rivage, ses festins scandaleux, la foule citait ses femmes par leurs noms ; on lui demandait ouvertement où il s'était tenu et ce qu'il avait fait pendant tant de jours de suite qu'on ne l'avait jamais aperçu ; on réclamait Cléomène, le général en chef nommé par lui et peu s'en fallut que l'exemple fait à Utique sur Hadrien (1) ne fût renouvelé à Syracuse et que deux tombeaux de deux préteurs malhonnêtes ne fussent élevés dans deux provinces. Mais la multitude tint compte des circonstances, du trouble causé par les pirates, du mérite et de l'estime générale de la colonie des citoyens romains à Syracuse qui font le plus grand honneur à la province et même à toute la république. **95** Alors que Verrès encore tout ensommeillé demeurait stupide, on s'encourage, on prend les armes, on remplit le forum et l'Ile, qui forme une grande partie de la ville (2).

Après être restés cette seule nuit, sans plus, à Hélore, les pirates, ayant laissé nos navires encore fumants, commencent à s'approcher de Syracuse. En hommes qui sans doute avaient entendu dire souvent que rien n'était plus beau que les édifices et le port de Syracuse, ils s'étaient mis dans la tête que s'ils ne les voyaient pas sous la préture de Verrès ils ne les verraient jamais (3).

Les pirates dans le port et la ville de Syracuse.

XXXVII **96** Et d'abord, ils s'approchent de ce campement d'été du préteur, justement cette partie du rivage où, dressant ses tentes pendant ces jours-là,

(1) C'était un préteur d'Afrique. Il fut effectivement brûlé (82 av. J.-C.), tant on était exaspéré par sa tyrannie. Voir t. II, *de praet. urb.* XXVII, 70 ; Tite-Live, Epit. LXXXVI et Valère Maxime, IX, 10, 2.

(2) Voir *de Signis*, LIII, 117-LIV, 120. L'Ile était un des quatre grands quartiers de Syracuse. Le forum était situé dans un autre nommé l'Achradine.

(3) Syracuse passait pour être une des plus belles villes du monde ancien. Voir Tite-Live, XXV, 24, 11 : *urbem omnium ferme illa tempestate pulcherrinam.*

maxuma. Tum istius acta commemorabatur, tum flagitiosa illa conuiuia ; tum appellabantur a multitudine mulieres nominatim ; tum quaerebant ex isto palam, tot dies continuos, per quos numquam uisus esset, ubi fuisset, quid egisset ; tum imperator ab isto praepositus Cleomenes flagitabatur, neque quicquam propius est factum quam ut illud Vticense exemplum de Hadriano transferretur Syracusas, ut duo sepulchra duorum praetorum inproborum duabus in prouinciis constituerentur. Verum habita est a multitudine ratio temporis, habita tumultus, habita etiam dignitatis existimationisque communis, quod is est conuentus Syracusis ciuum Romanorum, ut non modo illa prouincia, uerum etiam hac re publica dignissimus existimetur. **95** Confirmant ipsi se, cum hic etiam tum semisomnus stuperet, arma capiunt, totum forum atque Insulam, quae est urbis magna pars, complent.

Vnam illam noctem solam praedones ad *H*elorum commorati, cum fumantis etiam nostras naues reliquissent, accedere incipiunt ad Syracusas. Qui uidelicet saepe audissent nihil esse pulchrius quam Syracusarum moenia ac portus, statuerant se, si ea Verre praetore non uidissent, numquam esse uisuros. XXXVII **96** Ac primo ad illa aestiua praetoris accedunt ipsam illam ad partem

94 commemorabatur *Hotman* : —bantur *codd.* || nominatim *cet.* : —ti *V* || imperator *cet* : im publico *V* || praepositus *cet.* : pro — *RS* || ut illud *om. V* || ratio *cet.* : moratio *V* || tumultus habita etiam *V* : est t. h. e. *PQH* tumultus habita etiam tumultus habita *RS* || is est *cet.* : is esset *RS* || etiam hac *PQH* : etiam in hac (in *expunct.*) *V* hac etiam *RS*.

95 semisomnus stuperet *cet.* : semisomnus stupri plenus stuperet *V* || unam *cet.* : nam *V* || Helorum *Augustinus* : Pe— *codd.* || ad Syracusas *cet.* : Syracusas *RS*.

96 ad illa *cet.* : illa *V*.

il avait placé son quartier général de la débauche. Ayant trouvé ce lieu abandonné et ayant compris que le préteur avait levé le camp, aussitôt, sans aucune crainte, ils se mirent à s'avancer jusqu'au fond du port. Et quand je parle du port, juges (car il faut expliquer avec plus de précision pour ceux qui ne connaissent pas ce lieu), je dis que c'est dans la ville, au cœur même de la ville que sont venus les pirates. En effet ce n'est point par le port que la ville est terminée, c'est le port lui-même qui est entouré et enfermé par la ville, si bien que la mer ne baigne pas l'extrémité des remparts, mais que le port étend ses eaux jusqu'au sein de la ville (1). **97** Là, sous ta préture, le pirate Héracléon avec quatre petits brigantins a navigué comme il a voulu. Dieux immortels (2) ! un brigantin de pirates, quand l'autorité nominale et les faisceaux du peuple romain se trouvaient à Syracuse, s'est avancé jusqu'au Forum syracusain et jusqu'à tous les quais de la ville, où ni les flottes très glorieuses de Carthage, bien que tenant l'empire de la mer, malgré de fréquentes tentatives en beaucoup de guerres, n'avaient jamais pu atteindre, ni les vaisseaux du peuple romain, dont la gloire sur mer n'avait pas connu d'éclipse avant ta préture, dans tant de guerres avec les Carthaginois et les Siciliens, n'avaient pu pénétrer, en une position si forte que les Syracusains auraient pu voir l'ennemi en armes et victorieux entre leurs remparts, dans leur ville, sur leur place publique, avant de voir aucun vaisseau ennemi dans leur port ! **98** Là sous ta préture, de mauvaises barques de corsaires se sont promenées, là où seule, de mémoire d'homme, une flotte de trois cents vaisseaux athéniens est entrée grâce au nombre et à la

(1) Voir dans le *de Signis*, la description de Syracuse, LIII, 118-LIV, 120.

(2) Le *myoparo* d'invention grecque, employé dans tout le bassin de la Méditerranée, servait surtout au pillage des côtes : c'était un navire à voiles et à rames, à coque arrondie, très relevé à l'avant, la proue recourbée en volute ; l'arrière était coupé droit avec quille saillante.

litoris ubi iste per eos dies, tabernaculis positis, castra luxuriae conlocarat. Quem posteaquam inanem locum offenderunt et praetorem commosse ex eo loco castra senserunt, statim sine ullo metu in ipsum portum penetrare coeperunt. Cum in portum dico, iudices (explanandum est enim diligentius eorum causa qui locum ignorant), in urbem dico atque in urbis intumam partem uenisse piratas. Non enim portu illud oppidum clauditur, sed urbe portus ipse cingitur et continetur, ut non adluantur mari moenia extrema, sed ipse influat in urbis sinum portus. **97** Hic, te praetore, Heracleo pirata cum quattuor myoparonibus paruis ad arbitrium suum nauigavit. Pro di immortales ! piraticus myoparo, cum imperi populi Romani nomen ac fasces essent Syracusis, usque ad forum Syracusanorum et ad omnis crepidines urbis accessit, quo neque Carthaginiensium gloriosissimae classes, cum mari plurimum poterant, multis bellis saepe conatae, umquam adspirare potuerunt, neque populi Romani inuicta ante te praetorem gloria illa naualis umquam tot Punicis Siciliensibusque bellis penetrare potuit, qui locus eiusmodi est ut ante Syracusani in moenibus suis, in urbe, in foro hostem armatum ac uictorem quam in portu ullam hostium nauem uiderint. **98** Hic te praetore praedonum nauiculae peruagatae sunt quo Atheniensium classis sola post hominum memoriam trecentis nauibus ui ac multitudine

96 eos *cet.* : os *V* || commosse *cet.* : commouisse *V* || adluantur *cet.* : abl—*RS*.

97 myoparonibus paruis *cet.* : p. m. *V* || myoparo *cet.* : myoparon *RS* || Syracusanorum *RS* : —sanum *V om. PQH* || quo neque Atheniensium *(sic)* —poteraut *habet* SEVER. *H.* 364, 24 || quo neque Atheniensium *(sic)* —potuerunt *habet* SEVER. *H.* 368, 13 || uiderint *cet.* : —rent *V*.

98 CCC nauibus *cet.* : recentis *V*.

force ; et, dans ce port même, la nature et la situation des lieux la firent battre et réduire à l'impuissance. Là pour la première fois la grandeur de cette cité baissa et reçut une atteinte profonde et on peut penser que dans ce port firent naufrage la noblesse, la souveraineté et la gloire d'Athènes (1). XXXVIII Un pirate a donc pénétré dans ce port où, une fois entré, il laissait à côté de lui et même derrière lui une grande partie de la ville ! Il fit le tour complet de l'Ile tout entière, qui est dans Syracuse une ville avec son nom particulier et ses fortifications, une place où nos ancêtres, comme je l'ai dit, ont défendu à un Syracusain de résider : car, ils le comprenaient, ceux qui occuperaient cette partie de la ville tiendraient le port en leur pouvoir (2). **99** Or comment s'y est-il promené ? En y jetant les racines de palmiers sauvages trouvées dans nos vaisseaux, pour faire connaître à tous la malhonnêteté de Verrès et le malheur de la Sicile. Des soldats siciliens, les fils de laboureurs, dont les pères par leur travail arrachaient à la terre assez de blé pour la provision du peuple romain et de l'Italie tout entière, des indigènes de l'ile de Cérès, où pour la première fois, dit-on, poussèrent des céréales (3), ont eu donc recours à l'aliment dont leurs ancêtres, en inventant l'usage des céréales, ont détourné tous les autres hommes ! Sous ta préture, les soldats siciliens se nourrissaient de racines de palmiers (4), et les pirates de bon blé de Sicile ! **100** Spectacle lamentable et cruel ! Livrer la gloire de Rome, le nom du peuple romain, toute une colonie, tout un peuple d'hommes les plus honorables en risée à un brigantin de pira-

(1) Cicéron rappelle ici la fameuse expédition de Sicile qui fut entreprise par les Athéniens pendant la guerre du Péloponèse. Voir Thucydide, livres VI et VII.

(2) Ch. XXXII, 84.

(3) Voir t. V, *de Signis*, XLVIII, 106.

(4) Ces racines de palmiers nains ont une saveur sucrée ; mais c'était une pauvre nourriture pour les matelots.

inuasit, quae in eo ipso portu loci ipsius portusque natura uicta atque superata est. Hic primum opes illius ciuitatis comminutae depressaeque sunt; in hoc portu Atheniensium nobilitatis, imperii, gloriae naufragium factum existimatur. XXXVIII Eone pirata penetrauit, quo simul atque adisset, non modo a latere, sed etiam a tergo magnam partem urbis relinqueret! Insulam totam praeteruectus est, quae est urbs Syracusis suo nomine ac moenibus, quo in loco maiores, ut ante dixi, Syracusanum habitare uetuerunt, quod qui illam partem urbis tenerent, in eorum potestatem portum futurum intellegebant. **99** At quemadmodum est peruagatus! Radices palmarum agrestium quas in nostris nauibus inuenerant iactabant, ut omnes istius inprobitatem et calamitatem Siciliae possent cognoscere. Siculosne milites, aratorumne liberos, quorum patres tantum labore suo frumenti exarabant ut populo Romano totique Italiae suppeditare possent, eosne in insula Cereris natos, ubi primum fruges inuentae esse dicuntur, eo cibo esse usos a quo maiores eorum ceteros quoque frugibus inuentis remouerunt! Te praetore, Siculi milites palmarum stirpibus, piratae Siculo frumento alebantur! **100** O spectaculum miserum atque acerbum! ludibrio esse urbis gloriam, populi Romani nomen, hominum *honestissimorum* conuentum atque multitudinem piratico myopa-

98 Eone —relinquebat *(sic) habet* SEVER. *H.* 364, 26 || quo *cet.* : quod *V* || etiam *cet.* : et SEVER. || quo *cet.* : suo *V* || quod qui *PQH* : quodque *RS* quo qui *V*.

99 peruagatus *cet.* : vagatus *V* || inuenerant iactabant *RS* : —rat iaciebat *cet.* || Siculosne —Italiae sufficeret *habet* SEVER. *H* 364, 29 || *Post* aratorum *deest V* || te praetore —alebantur *habet* SEVER. *H.* 367, 21.

100 spectaculum —gloriam *habet* SEVER. *H.* 365, 1 || honestissimorum *add. Eberhardg.*

tes ! En plein port de Syracuse laisser un pirate triompher de la flotte du peuple romain, tandis que jusque dans les yeux du préteur le plus lâche et le plus dépravé les rames des corsaires faisaient jaillir des éclaboussures !

Une fois les pirates sortis, par suite, non de la peur, mais de la satiété, tout le monde se mit à chercher la cause d'une si grande calamité. Tous de dire et de soutenir ouvertement qu'il ne fallait guère s'étonner si, rameurs et soldats étant en congé, le restant à demi-mort de disette et de faim, le préteur pendant tant de jours ne cessant de boire avec des petites femmes, on avait essuyé une honte et un désastre si grands. **101** A l'appui des reproches qu'on lui adressait et de sa mauvaise réputation venaient les propos de ceux que leurs cités avaient mis à la tête de ces vaisseaux, de ceux d'entre ces capitaines qui restaient et qui, après la perte de la flotte, s'était réfugiés à Syracuse. Ils disaient, chacun pour son vaisseau, combien ils savaient qu'il y avait eu d'hommes envoyés en congé. La démonstration était lumineuse et ce n'était pas seulement par des preuves, mais par des témoins irrécusables que l'impudence de Verrès était prise sur le fait.

Iniquité et cruauté de Verrès.

XXXIX Notre homme est informé que sur la place publique et dans la colonie romaine on ne fait tout le jour qu'une chose : demander aux capitaines des vaisseaux comment la flotte a été perdue — et qu'ils répondent et prouvent à chacun que la faute en est aux congés des rameurs, à la détresse des restants, à la peur et à la fuite de Cléomène. Sachant cela, voici quel plan de conduite il se mit à former.

D'avoir à passer en justice il était convaincu avant même qu'en fait l'accusation eût lieu : vous le lui avez entendu dire dans la première partie du procès. Il voyait que ce témoignage des capitaines l'empêcherait absolument de soutenir le choc d'une si forte accusation. Il prend une résolution folle au premier abord, mais qui ne laisse pas d'être indulgente. **102** Il fait appeler devant lui les capi-

roni ! In portu Syracusano de classe populi Romani triumphum agere piratam, cum praetoris inertissimi nequissimique oculos praedonum remi respergerent !

Posteaquam e portu piratae non metu aliquo adfecti, sed satietate exierunt, tum coeperunt quaerere homines causam illius tantae calamitatis. Dicere omnes et palam disputare minime esse mirandum si, remigibus militibusque dimissis, reliquis egestate et fame perditis, praetore tot dies cum mulierculis perpotante, tanta ignominia et calamitas esset accepta. **101** Haec autem istius uituperatio atque infamia confirmabatur eorum sermone qui a suis ciuitatibus illis nauibus praepositi fuerant, qui ex illo numero reliqui Syracusas classe amissa refugerant. Dicebant quo*t* ex sua quisque naue missos sciret esse. Res erat clara, neque solum argumentis, sed etiam certis testibus istius audacia tenebatur. XXXIX Homo certior fit agi nihil in foro et conuentu toto die nisi hoc, quaeri ex nauarchis quemadmodum classis sit amissa ; illos respondere et docere unumquemque, missione remigum, fame reliquorum, Cleomenis timore et fuga. Quod posteaquam iste cognouit, hanc rationem habere coepit.

Causam sibi dicendam esse statuerat iam ante quam hoc usu uenit, ita ut ipsum priore actione dicere *au*distis. Videbat ill*is* nauarchis testibus tantum hoc crimen sustinere se nullo modo posse. Consilium capit primo stultum, uerum tamen clemens. **102** Nauarchos ad se uocari iubet ; ueniunt. Accusat eos quod eiusmodi de se sermones habuerint ; rogat ut *id facere desistant et* in sua

100 Posteaquam—exierunt *habet* SEVER 365, 3.

101 quot *Lambin* : quod *RS* quos *PQH* || audistis *PQH* : uid—*RS* || illis *PQH* : ille is *RS*.

102 id facere desistant et *om. RS.*

taines. Ils viennent. Il les accuse d'avoir tenu sur lui de tels propos. Il leur demande d'y mettre fin et d'attester avoir eu, chacun dans son navire, autant de matelots qu'il fallait, et que personne n'avait été envoyé en permission. Ceux-ci de leur côté se montrent prêts à faire ce qu'il voudra. Il ne diffère pas jusqu'au lendemain, il mande aussitôt ses amis ; il questionne isolément chacun des capitaines sur le nombre de ses matelots ; chacun de répondre suivant les instructions reçues. Verrès en prend note écrite et y appose le sceau de ses amis (1), en homme prévoyant, pour réfuter sans doute, au besoin, par ce témoignage une accusation sur ce chef. **103** Ses conseillers se moquèrent, je crois, de son égarement et l'avertirent que ces textes ne lui serviraient à rien, même que l'excès des précautions accroîtrait sur ce point les soupçons contre lui. Il avait eu déjà recours en bien des cas à cette folle mesure : ordonner de faire des ratures et des additions arbitraires, même officiellement, sur les registres publics des cités. Toutes ces forfaitures, il comprend à présent qu'elles lui sont inutiles, quand il est confondu par des écrits précis, par des témoins, par des actes authentiques.

XL Voyant que leur déclaration, que son témoignage, que ces notes ne lui seront d'aucun secours, il prend une résolution digne, je ne dis pas d'un préteur malhonnête (car cela eût été en vérité supportable), mais d'un tyran cruel et à l'esprit égaré. Il décida, s'il voulait atténuer la gravité de cette accusation (car de la supprimer absolument c'était impossible, il en avait conscience) que tous les capitaines de vaisseau, témoins de son crime, ne devaient pas rester en vie. **104** Une objection l'arrêtait : que faire de Cléomène ? Pourrai-je sévir contre ceux à qui j'ai ordonné d'obéir, et gracier celui à qui j'ai donné le pouvoir suprême et le commandement en chef ? Pourrai-je frapper du supplice ceux qui ont suivi Cléomène et pardonner à Cléomène qui leur a

(1) Sept sceaux étaient nécessaires pour la validité.

quisque dicat naui se tantum habuisse nautarum, quantum oportuerit, neque quemquam esse dimissum. Illi enimuero se ostendunt quod uellet esse facturos. Iste non procrastinat, aduocat amicos statim ; quaerit ex *i*is singillatim quot quisque nautas habuerit ; respond*e*t unusquisque ut erat praeceptum ; iste in tabulas refert, obsignat signis amicorum prouidens homo, ut contra hoc crimen, siquando opus esset, hac uidelicet testificatione uteretur. **103** Derisum esse credo hominem amentem a suis consiliariis et admonitum hasce ei tabulas nihil profuturas, etiam plus ex *n*imia praetoris diligentia suspicionis in eo crimine futurum. Iam iste erat hac stultitia multis in rebus usus, ut publice quoque quae uellet in litter*i*s ciuitatum *et* tolli et referri iuberet. Quae omnia nunc intellegit sibi nihil prodesse, posteaquam certis litteris, testibus auctori*tati*busque conuinctur.

XL Vbi hoc uidet, illorum confessionem, testificationem suam, tabellas sibi nullo adiumento futuras, init consilium non inprobi praetoris (nam id quidem esset ferendum) sed inportuni atque amentis tyranni ; statuit, si hoc crimen extenuari uellet (nam omnino tolli posse non arbitrabatur), nauarchos omnis, testis sui sceleris, uita esse priuandos. **104** Occurrebat illa ratio : quid Cleomene fiet ? poterone animum aduertere in eos quos dicto audientes esse iussi, missum facere eum cui potestatem imperiumque permisi ? poterone eos afficere supplicio qui Cleomenen secuti sunt, ignoscere Cleomeni qui

102 iis *codd. rec.* : his *cet.* || quot *cet.* : quod *R* || respondet *codd. rec.* : —dit *nostri.*
103 ex nimia *PQH* : eximia *RS* || litteris *PQH* : —as *RS* || et tolli *PQH* : tolli *RS* || auctoritatibusque *PQH* : auctoribusque *RS.*
104 Occurrebat illa ratio *habet* NON. 360, 24 || cui *cet.* : qui *R.*

prescrit de fuir avec lui et de l'accompagner ? Pourrai-je être implacable contre ceux qui avaient des navires vides et même non pontés, sans énergie envers celui qui était seul à posséder un vaisseau ponté et moins dégarni ? (1) Que Cléomène périsse avec les autres ! Mais que signifie alors la promesse faite ? Mais les serments solennels ? Mais ces mains données et serrées tant de fois ? Mais ce partage de lit et de femme dans les campagnes faites ensemble sur le plus délicieux rivage ? Impossible de ne pas épargner Cléomène.

105 Il appelle Cléomène ; il lui dit qu'il a décidé de sévir contre tous les capitaines : ainsi le comporte et le réclame l'intérêt de sa sûreté. « Seul entre tous tu seras épargné ; j'aime mieux supporter le poids de ta faute et être taxé d'inconséquence que d'être cruel envers toi ou de laisser vivants, sains et saufs, tant de témoins d'importance. » Cléomène remercie, approuve la décision ; il dit qu'il faut faire ainsi. Cependant il l'avertit d'un fait auquel Verrès n'avait pas pensé : contre le capitaine Phalacre de Centuripe on ne pouvait sévir, parce qu'il était avec lui sur la galère de Centuripe. Qu'est-ce à dire ? cet homme, d'une ville très considérable, ce jeune officier très connu, restera-t-il comme témoin ? « Pour le moment, dit Cléomène, car c'est nécessaire ; mais après nous imaginerons quelque moyen d'écarter ce gêneur. »

XLI **106** Après cette entente, une fois cette conduite décidée, Verrès s'élance soudain hors de son palais, tout allumé par le crime, la folie, la cruauté : il vient au Forum, il fait convoquer les capitaines. En gens qui ne craignaient rien, qui ne soupçonnaient rien, ils accou-

(1) Voir XXXIV, 89. Les ponts facilitaient la manœuvre des combattants et servaient à transporter des machines (*Tormenta*, voir Tacite, *Annales* II, 6). Pour lancer des projectiles des tourelles mobiles y étaient élevées sur les navires de guerre et même sur les bateaux marchands exposés à rencontrer des pirates. Les grandes galères pour combat naval étaient à la fois pontées et pourvues d'éperons *(rostra)*.

secum fugere et se consequi iussit ? poterone esse in eos uehemens qui nau*is* non modo inanes habuerunt, sed etiam apertas, in eum dissolutus qui solus habuerit constratam nauem et minus exinanitam? Pereat Cleomenes una ! Vbi fides, ubi exsecrationes, ubi dexterae conplexusque, ubi illud contubernium muliebris militiae in illo delicatissimo litore ? fieri nullo modo poterat quin Cleomeni parceretur. **105** Vocat Cleomenen ; dicit ei se statuisse animum aduertere in omnis nauarchos ; ita sui periculi rationes ferre ac postulare. « Tibi uni parcam et potius istius culpae crimen uituperationemque inconstantiae suscipiam quam aut in te sim crudelis aut tot *t*am grauis testis uiuos incolumesque esse patiar. » Agit gratias Cleomenes ; adprobat consilium ; dicit ita fieri oportere ; admonet tamen illud, quod istum fugerat, in Phalacrum Centuripinum nauarchum non posse animaduerti, propterea quod secum una fuisset in Centuripina quadriremi. Quid ergo ? iste homo ex eiusmodi ciuitate adulescens nobilissimus testis relinquetur ? « In praesentia, inquit Cleomenes, quoniam ita necesse est ; sed post aliquid uidebimus ne iste nobis obstare possit. »

XLI **106** Haec posteaquam acta et constituta sunt, procedit iste repente e praetorio inflammatus scelere, furore, crudelitate ; in forum uenit, nauarchos uocari iubet. Qui nihil metuerent, nihil suspicarentur, statim

104 nauis *edd.* : naues *PQH* auis *RS* || —lutus qui *adest rursus V* || qui *cet.* : —que *RS.*

105 animum aduertere *AKlotz* : animaduertere *VPQH* animum aduerti *RS* || quem aut *cet.* : quam ut *RS* || tot tam *PQH* : totam *cet.* || nobis *cet.* : nobilis *RS.*

106 repente e *cet.* : repente *RS* || forum *cet.* : chorum *RS* || uocari *cet.* : ad se u. *V.*

rent aussitôt. Il ordonne d'enchaîner ces malheureux qui ne sont pas coupables. Ceux-ci d'implorer la justice du préteur, et de demander pourquoi il les traite ainsi. Alors il allègue comme raison qu'ils auraient livré la flotte aux pirates. Le peuple se récrie, il s'étonne de trouver chez notre homme assez de cynisme et d'audace pour attribuer à d'autres la responsabilité d'un malheur dû tout entier à son avidité ou pour aller, quand on le croyait fermement d'intelligence avec les corsaires, rejeter sur d'autres l'accusation de trahison ; enfin c'était ce jour seulement, quinze jours après la perte de la flotte, que l'accusation se produisait. **107** En même temps, on se demandait où était Cléomène. Ce n'était pas qu'on le crût, quel que fût son caractère, digne du supplice à cause de cette affaire désagréable ; en effet qu'aurait-il pu faire? (Je ne peux accuser personne sans bonnes raisons), qu'aurait-il bien pu faire, dis-je, ses navires étant dégarnis par l'avidité de Verrès ? Et l'on voit Cléomène s'asseoir à côté du préteur et, suivant son habitude, lui chuchoter familièrement à l'oreille. Alors tous jugent tout à fait révoltant que des hommes très honorables, choisis entre leurs concitoyens (1), soient mis aux fers et enchaînés et que Cléomène, à cause de sa complicité de scandales et d'infamies, soit dans la plus grande familiarité avec le préteur. **108** On aposte cependant pour les accuser un certain Névius Turpion (2), qui, sous la préture de Sacerdos (3), avait été condamné pour diffamation : c'était un homme bien fait pour servir l'audace de Verrès, qui dans les affaires relatives à la perception des dîmes, dans les affaires capitales, dans

(1) Les cités qui fournissaient des vaisseaux en désignaient elles-mêmes les commandants. L'injustice envers eux les atteignait. Voir XLVII, 124.

(2) Il faisait office d'accusateur contre les personnes que Verrès voulait poursuivre ou dépouiller. Voir t. III, VIII, 22 et t. IV, XXXIX, 90 et XL, 91.

(3) G. Licinius Sacerdos était un des prédécesseurs de Verrès dans le gouvernement de la Sicile, en 74. Voir XXI, 55.

accurrunt. Iste hominibus miseris innocentibus inici catenas imperat. Implorare illi fidem praetoris et qua re id faceret rogare. Tum iste hoc causae dicit quod classem praedonibus prodidissent. Fit clamor et admiratio populi tantam esse in homine impudentiam atque audaciam ut aut aliis causam calamitatis adtribueret quae omnis propter auaritiam ipsius accidisset, aut cum ipse praedonum socius putaretur, aliis proditionis crimen inferret; deinde hoc quinto decimo die crimen esse natum, postquam classis esset amissa. **107** Cum haec ita fierent, quaerebatur ubi esset Cleomenes, non quo illum ipsum cuicuimodi *est* quisquam supplicio propter illud incommodum dignum putaret; nam quid Cleomenes facere potuit (non enim possum quemquam insimulare falso), quid, inquam, magno opere potuit Cleomenes facere, istius auaritia nauibus exinanitis? Atque eum uident sedere ad latus praetoris et ad aurem familiariter ut solitus erat insusurrare. Tum uero omnibus indignissimum uisum est, homines honestissimos electos ex suis ciuitatibus in ferrum atque in uincla coniectos, Cleomenem propter flagitiorum ac turpitudinum societatem familiarissimum esse praetori. **108** Apponitur iis tamen accusator Naeuius Turpio quidam, qui C. Sacerdote praetore iniuriarum damnatus est, homo bene adpositus ad istius audaciam, quem iste

106 clamor et *cet.* : clamor *RS* || admiratio *cet.* : admurmuratio *V* || homine *cet.* : —nem *V* || putaretur *cet.* : arbitraretur *RS*.
107 ita *om. V* || quo *cet.*: qui *V* || cuicuimodi est *habet* CLEDON. *K.* V 52, 13 *et* POMP. *K.* V 207, 32 : cuimodi *RS* cuicuiusmodi *PQH* quicuiusmodi *V* || quid Cleomenes —quid inquam *habet* QVINT. *Inst. Or.* 9, 3, 43 || uident *cet.* : uiderit *V* || et ad *cet.* : ad *V* || electos *cet.* : eiectos *RS* || ex suis *cet.* : e suis *RS*.
108 iis *RS* : his *PQH* eis *V*.

tous les procès injustes, avait coutume de le lancer en avant comme son éclaireur et son émissaire.

XLII Tout émus à la nouvelle subite de ce malheur, les parents et les proches de ces malheureux jeunes hommes accourent à Syracuse. Ils voient leurs fils chargés de chaînes, sentant peser sur leur tête et leur cou le châtiment dû à l'avidité de Verrès. Ils se présentent, ils les défendent, ils crient bien haut, ils invoquent ta justice, dont nulle part et jamais on n'avait vu la trace. Il y avait là un père, Dexo de Tyndaris, personnage très connu, qui avait été ton hôte. Cet homme chez qui tu avais été reçu, que tu avais appelé ton hôte, un homme de ce rang que tu voyais en proie au malheur, n'a-t-il pu par ses larmes, sa vieillesse, par les droits et les titres de l'hospitalité, te faire revenir du crime à un peu d'humanité ? **109** Mais pourquoi citer les lois de l'hospitalité à propos d'une bête sauvage ? A celui qui, abusant de l'hospitalité, a dépouillé et vidé entièrement la maison de son hôte Sthénius de Thermes, qui l'a porté malgré son absence sur une liste de coupables, qui sans l'avoir entendu l'a condamné à mort, à celui-là pouvons-nous demander d'observer maintenant les lois et les devoirs de l'hospitalité (1) ? Est-ce [en effet] à un homme cruel ou à une bête sauvage et féroce que nous avons affaire ? Les larmes d'un père dont le fils innocent était en danger ne te touchaient point ; tu avais laissé ton père à Rome, ton fils était près de toi, et la présence de ce fils ne te rappelait pas l'affection qu'on doit à ses enfants, ni l'absence de ton père la tendresse paternelle ? **110** Ton hôte, Aristée, fils de Dexo, portait des chaînes. Pourquoi ? — Il avait livré la flotte. — Pour quel prix ?

(1) Cicéron rappelle à dessein les devoirs envers les hôtes. Rome imposait aux municipes et aux villes stipendiaires l'obligation de loger magistrats et fonctionnaires avec leur suite pendant leurs voyages et leurs tournées. Il en résultait souvent de véritables rapports d'hospitalité. Verrès, lui, traitait ses hôtes en conquérant lubrique, rapace et cruel. Voir *de prael. urb.*, XXIV-XXXIII ; *de prael. sicil.*, XXXIV-XLVIII ; *de signis*, XXVII-XXIX.

in decumis, in rebus capitalibus, in omni calumnia praecursorem habere solebat et emissarium.

XLII Veniunt Syracusas parentes propinquique miserorum adulescentium, hoc repentino calamitatis suae nuntio commoti; uinctos aspiciunt catenis liberos suos, cum istius auaritiae poenam collo et ceruicibus suis sustinerent; adsunt, defendunt, proclamant, fidem tuam, quae nusquam erat neque umquam fuerat, inplorant. Pater aderat Dexo Tyndaritanus, homo nobilissimus, hospes tuus. Cuius tu domi fueras, quem hospitem appellaras, eum cum illa auctoritate miseria uideres pe*r*ditum, non te eius lacrimae, non senectus, non hospitii ius atque nomen a scelere aliquam ad partem humanitatis reuocare potuit? **109** Sed quid ego hospitii iura in hac inmani belua commemoro? Qui Sthenium Thermitanum hospitem suum, cuius domum per hospitium exhausit et exinaniuit, absentem in reos rettulerit, indicta causa capite damnarit, ab eo nunc hospitiorum iura atque officia quaeramus? Cum homine [enim] crudeli nobis res est an cum fera atque inmani belua? Te patris lacrimae de innocentis fili periculo non mouebant; cum patrem domi reliquisses, filium tecum haberes, te neque praesens filius de liberum caritate neque absens pater de indulgentia patria commo*n*ebat? **110** Catenas habebat hospes tuus Aristeus Dexonis filius. Quid ita? — Prodiderat classem. — Quod ob praemium? —

108 nuntio commoti *RS* : c. n. *cet.* || aspiciunt catenis *cet.* : c. a *V* || umquam *cet.* : num — *V* || Dexo — nobilis *(sic) habet* PRISC. *K.* II 221, 2 || cum *cet.* : quoniam *RS* || miseria *cet.* : ac m. *PQH* || perditum *Ernesti* : praed —*codd.* || a scelere *cet.* : ab s. *V*.

109 exinaniuit *cet.* : inaniuit *V* || reos *cet.* : eos *V* || indicta causa *V* : c. i. *cet.* || homine *Peterson* : hominene *Eberhardt* homine enim *codd.* || *Pool* domi reli—*deest* *V* || commonebat *codd. rec.* : commouebat *nostri*.

— Il avait déserté. — Et Cléomène donc ? — Il s'était conduit en lâche. — Mais c'est pour sa valeur qu'auparavant tu l'avais gratifié d'une couronne (1). — Il avait envoyé en congé les matelots. — Mais pour ces congés tu avais été payé par tous les permissionnaires. Il y avait un second père d'autre part, Eubulide d'Herbita, homme en vue et bien connu dans son pays : ayant donné atteinte à Cléomène en défendant son fils, il fut laissé presque nu. Or que pouvait-on dire ou comment se défendre ? — Il n'est pas permis de nommer Cléomène. — Mais la cause y oblige. — La mort, si tu prononces son nom (jamais Verrès ne fit à personne petite menace). — Mais il n'y avait pas de rameurs. — Serait-ce le préteur que tu accuses ? Qu'on torde le cou à cet accusateur (2). — S'il ne doit-être permis de nommer ni le préteur, ni le rival du préteur, quand c'est sur eux deux que repose toute l'affaire, que va-t-il arriver ?

XLIII 111 Héraclius de Ségeste, homme bien connu dans son pays et de très haute naissance, est cité aussi en justice. Ecoutez, juges, comme le réclament vos sentiments humains ; car vous entendrez parler de grandes vexations et passe-droits de vos alliés. Sachez bien qu'Héraclius s'est trouvé dans cette situation particulière qu'une dangereuse ophtalmie l'avait empêché de prendre la mer et que, par décision du commandant en chef, il était resté en congé à Syracuse. Lui du moins n'a pas trahi la flotte, ni fui par épouvante, ni déserté ; car en ce cas il aurait fallu punir son crime au moment où la flotte partait de Syracuse. Il s'est pourtant trouvé impliqué dans les mêmes poursuites, comme s'il eût été convaincu d'un crime flagrant, lui contre qui pas même un prétexte sans fondement ne put être allégué.

(1) Les couronnes étaient comptées parmi les récompenses militaires dont les chefs gratifiaient les soldats pour un grand exploit ou dont les soldats honoraient leur général vainqueur. Voir Daremberg et Saglio, *Dict. des antiquités*, *Corona*.

(2) Voir plus bas LVII, 147.

Deseruerat *exercitum.* — Quid Cleomenes ? — Ignauus fuerat. — At eum tu ob uirtutem corona ante donaras. — Dimiserat nautas, — *At* ab omnibus tu mercedem missionis accepras. Alter parens ex altera parte erat Herbitensis Eubulida, homo domi suae clarus et nobilis. Qui quia Cleomenem in defendendo filio laeserat, nudus paene est destitutus. Quid erat autem quod quisquam diceret aut defenderet ? — Cleomenem nominare non licet. — At causa cogit. — Moriere, si appellar*is* (numquam enim iste cuiquam est mediocriter minatus). — A*t* remiges no*n* erant. — Praetorem *tu* accuses ? Frange ceruices. — Si neque praetorem neque praetoris aemulum appellari licebit, cum in his duobus tota causa sit, quid futurum est ?

XLIII **111** Dicit etiam causam Heracli*us* Segestanus, homo domi suae nobilis, sum*mo* loco natus. Audite ut uestra humanitas postulat, iudices ; audi*e*tis enim de magnis incommodis iniuriisque sociorum. Hunc scitote fuisse Heraclium in ea causa qui propter grauem morbum oculorum [tuorum] tum non nauigarit et iussu eius qui potestatem habuit in commeatu Syracusis remanserit. Is certe neque classem prodi*di*t neque metu perterritus fugit neque exercitum deseruit. Etenim tunc esset hoc animaduertendum, *cum* classis Syracusis proficiscebatur. Is tamen in eadem causa fuit, quasi esset in aliquo manifesto scelere deprensus, in quem ne falsi quidem causa conferri criminis potuit.

110 exercitum *om.* *RS.* ‖ at ab *PQH* : ab *RS* ‖ appellaris *PQH* : —res *RS* ‖ At remiges non erant *PQH* : ad r. nouerant *RS* ‖ Praetorem —ceruices *habet* ISID. *Orig.* 11, a, 61 ‖ tu *cet.* : se *RS* ‖ Frange ceruices *habet* SERV. *Aen.* 7, 707.

111 Heraclius *P* : —eus *cet.* ‖ nobilis summo *codd. rec.* : nobilissumo *nostri* ‖ audietis *PQH* : audistis *RS* ‖ tum *PQH* : tuorum tum *RS* ‖ prodidit *PQH* : prodit *RS* ‖ cum classis *PQH* : classis *RS*.

112 Parmi ces capitaines de vaisseaux il y eut un certain Furius d'Héraclée (car quelques-uns de ces Siciliens portent des noms latins comme celui-là) ; cet homme, tant qu'il a vécu, n'était pas connu et considéré seulement dans sa ville ; depuis sa mort il le fut dans la Sicile tout entière. Cet homme eut assez de courage pour braver hardiment Verrès (car il comprenait qu'il ne risquait rien à le faire, voyant qu'il fallait mourir), mais de plus, en face de la mort, ayant à côté de lui en prison, nuit et jour, sa mère en larmes, il écrivit son apologie. Tout le monde à présent dans la Sicile possède ce mémoire, le lit et est instruit par là de ton crime et de ta cruauté. Il y montre combien de matelots il a reçus de sa cité, combien il en a envoyés en congé et pour quel prix, combien il en a gardés avec lui ; il fait le même compte pour les autres vaisseaux. Quand il exposait ces faits devant toi, avec des verges on lui battait les yeux. En face de la mort, il supportait aisément la douleur physique ; il criait ce qu'il a laissé par écrit, que c'était une monstruosité, une infamie que les larmes de la plus impudique des femmes eussent plus de pouvoir pour préserver Cléomène de la mort que les larmes d'une mère pour sauver la vie de son fils. **113** Ensuite je vois aussi dans cet écrit ce qu'au moment même de mourir il a prédit de vous, juges, et que vous justifierez, si le peuple romain ne s'est pas trompé en vous nommant : « Non, Verrès ne peut en tuant les témoins, détruire les accusations contre lui ; devant des juges éclairés, Furius sera, du fond des enfers, un témoin plus accablant que s'il paraissait en vie devant le tribunal : vivant, il n'attesterait alors que l'avidité de Verrès ; périssant de mort violente, il en attestera maintenant le crime, l'audace, la cruauté ». Ecoutez à présent ces paroles mémorables : « quand sera plaidée ta cause, ce n'est pas seulement tout un cortège de témoins qui se présentera, mais alors les mânes de tes victimes feront surgir à ton procès les Châtiments vengeurs des innocents et les Furies persé-

112 Fuit in illis nauarchis Heracliensis quidam Furius (nam habent illi nonnulla huiuscemodi Latina nomina), homo, quamdiu uixit, non domi suae solum, post mortem *tota* Sicili*a* clarus et nobilis. In quo homine tantum animi fuit non solum ut istum libere laederet (nam id quidem, quoniam moriundum uidebat, sine periculo *se* facere intellegebat), uerum morte proposita, cum lacrimans in carcere mater noctes diesque adsideret, defensionem causae suae scripsit. Quam nunc nemo est in Sicilia quin habeat, quin legat, quin tui sceleris et crudelitatis ex illa oratione commonefiat. In qua docet quot a ciuitate sua nautas acceperit, quot et quanti quemque dimiserit, quot secum habuerit ; item de ceteris nauibus dicit ; quae cum apud te diceret, uirgis oculi uerberabantur. Ille morte proposita facile dolorem corporis patiebatur ; clamabat, id quod scriptum [est] reliquit, facinus esse indignum plus inpudicissimae mulieris apud te de Cleomenis salute quam de sua uita lacrimas matris ualere. **113** Deinde etiam illud uideo esse dictum quod, si recte uos populus Romanus cognouit, n*on* falso ille de uobis iam in morte ipsa praedicauit ; non posse Verrem testis interficiendo crimina sua extinguere ; grauiorem apud sapientis iudices se for*e* ab inferis testem, quam si uiuus in iudicium produceretur ; tum auaritiae solum si uiueret, nunc, cum ita esset necatus, sceleris, audaciae, crudelitatis testem fore. Iam illa praeclara, non testium modo cateruas, cum tua res ageretur, sed ab dis manibus innocentium Poenas scele*ru*mque Furias in tuum

112 tota Sicilia *PQH* : Siciliam *RS* || se facere *PQH* : facere *RS* || reliquit *PQH* : est relinquit *RS*.

113 non falso *PQH* : nam falso *RS* || fore *PQH* : foro *RS* || scelerumque *Lambin* : sceleratorumque *PQH* scelere quamquae *RS*.

cutrices des criminels (1). Mais ce qui allège mon malheur, c'est que j'ai vu déjà le tranchant de tes haches, le visage et le bras de Sextius ton bourreau, lorsque dans la colonie des citoyens romains, par ton ordre, des citoyens romains étaient frappés de la hache. »
114 Pour faire court, juges, dans ce très cruel supplice réservé aux plus misérables esclaves, il a cru pouvoir pleinement user de la liberté que vous avez donnée à vos alliés.

Emotion et crainte des Siliciens. Vente de grâces.

XLIV Verrès condamne tous les accusés par arrêt de son conseil ; dans une affaire si importante concernant tant de personnes, il n'appelle pourtant pas auprès de lui T. Vettius, son questeur, pour recourir à ses avis, ni P. Cervius, un si beau caractère, son lieutenant, qui pour avoir été son lieutenant pendant sa préture en Sicile fut tout le premier récusé par lui comme juge ; mais c'est par un arrêt de brigands, c'est-à-dire de ses compagnons, qu'il les condamne tous. 115 Alors tous les Siciliens, nos plus fidèles et anciens alliés, gratifiés de très nombreuses faveurs par nos ancêtres, sont profondément émus et le danger couru par leurs personnes et leurs biens les pénètre d'effroi. Ils s'indignent que la modération et la douceur éprouvées de notre souveraineté se soient tournées en si grande cruauté et en barbarie, que tant de personnes soient condamnées à la fois sans accusation fondée, que le préteur cherche à couvrir ses vols par la mort très révoltante d'innocents. Rien ne semble maintenant, juges, pouvoir être ajouté à cette malhonnêteté, cette folie, cette cruauté ; et c'est à bon droit qu'il semble ainsi ; car s'il rivalise avec la malhonnêteté d'autres méchants, il les laissera tous bien loin derrière lui.
116 C'est avec lui-même qu'il rivalise ; il arrive à

(1) Voir t. II, *de praet. urb.*, III, 7 où Cicéron montre ces Furies vengeresses poursuivant Verrès.

iudicium esse uenturas ; sese ideo leuiorem suum casum fingere quod iam ante aciem securium tuarum Sextique tui carnificis uoltum et manum uidisset, cum in conuentu ciuium Romanorum iussu tuo securi ciues Romani ferirentur. **114** Ne multa, iudices, libertate, quam uos sociis dedistis, h*a*c ille in acerbissimo supplicio miserrimae seruitutis abusus est.

XLIV Condemnat omnis de consilii sententia ; tamen neque iste in tanta re tot hominum T. Vettium ad se arcessit, quaestorem suum, cuius consilio uteretur, neque P. Ceruium, talem uirum, legatum, qui quia legatus isto praetore in Sicilia fuit, primus ab isto iudex reiectus est, sed de latronum, hoc est de comitum suorum sententia, condemnat omnis. **115** Hic cuncti Siculi fidelissimi atque antiquissimi socii, plurimis adfecti beneficiis a maioribus nostris, grauiter commouentur et de suis periculis fortunisque omnibus pertimescunt. Indigne ferunt illam clementiam mansuetudinemque nostri imperii tantam in crudelitatem inhumanitatemque esse conuersam, condemnari tot homines uno tempore nullo crimine, defensionem suorum furtorum praetorem inprobum ex indignissima morte innocentium quaerere. Nihil addi iam uidetur, iudices, ad hanc inprobitatem, amentiam crudelitatemque posse, et recte nihil uidetur ; nam si cum aliorum inprobitate certet, longe omnes multumque superabit. **116** Secum ipse certat ; id agit

114 hac *PQH* : hanc *RS* || T. Vettium *cet.* : t. veccium R^1 totue ciuium R^2 || *Post* legatus *adest rursus V* || reiectus *cet.* : relectus *V*.

115 Indigne *V* : —ni *RS om. PQH* || tantam in *RS* : i. t. *cet.* || inhumanitatemque *cet.* : hum —*RS* || innocentium *cet.* : —tum *RS* || Nam si cum *cet.* : sicut *V* || omnes multumque *cet.* : omnesque multum *V* || superabit *cet.* : —uit *RS*.

116 Secum *V* : sed cum *RS* sed secum *PQH*.

surpasser toujours son dernier forfait par un nouveau crime. Pour Phalacre de Centuripe, ai-je dit (1), on a fait une exception, grâce à Cléomène, parce que c'était sur sa quadrirème qu'était porté Cléomène. Cependant le jeune officier, se voyant dans le même cas que les innocents qui allaient périr, avait grand peur. Timarchide vient le trouver, lui déclare qu'il n'est pas en danger d'être frappé de la hache, mais l'avertit de prendre ses sûretés pour n'être point battu de verges. Bref vous avez entendu ce jeune homme dire lui-même que, pour se libérer de cette crainte, il a compté une somme à Timarchide (2). **117** Mais ce sont charges légères à propos d'un accusé si criminel (3). Un capitaine, d'une ville très réputée, s'est ôté à prix d'argent la crainte des verges ; c'est une faiblesse très humaine. Tel autre a payé pour n'être point condamné ; c'est un usage reçu. Le peuple romain ne veut pas que Verrès soit en butte à des accusations rebattues : ce sont des crimes nouveaux qu'il réclame, des forfaits inouïs qu'il attend ; ce n'est pas un préteur de Sicile, mais un tyran sacrilège qu'il croit fermement voir juger (4).

XLV Les condamnés sont enfermés en prison ; leur supplice est décidé ; les malheureux parents des capitaines le subissent ; on leur défend de visiter leurs fils, on leur défend de porter à leurs enfants nourriture et vêtements. **118** Ces pères que vous voyez étaient

(1) Voir XL, 105.

(1) Sur cet agent de Verrès voir t. III, *de praet. sicil.*, X, 27 ; XXVIII, 59 ; XXIX, 70 ; LIV, 134-137 ; t. IV, *de frum.*, LXVI-LXVIII, 154-158 et t. V, *de signis*, X, 22 et XVI, 35.

Toute la cohorte de Verrès était aussi vénale que son chef. Voir t. III, *de praet. sicil.*, X et XI et t. V, *de Signis*, XIV, 32.

(3) Quintilien, *Inst. orat.*, VIII, IV, 19, présente comme un modèle la gradation que Cicéron va marquer.

(4) Les raffinements de cruauté envers des alliés, le mépris du droit des citoyens, leurs injustes exécutions, la forme de leurs supplices sont pour des Romains des sacrilèges non moins émouvants que, dans le *de Signis*, les profanations de sanctuaires et les outrages aux divinités.

ut semper superius suum facinus nouo scelere uincat. Phalacrum Centuripinum dixeram exceptum esse a Cleomene, quod in eius quadriremi Cleomenes uectus esset ; tamen quia pertimuerat adulescens, quod eandem suam causam uidebat esse quam illorum qui innocentes peribant, accedit ad hominem Timarchides ; a securi negat esse ei periculum ; uirgis ne caederetur, monet ut caueat. Ne multa, ipsum dicere adulescentem audistis se ob hunc metum pecuniam Timarchidi numerasse. **117** Leuia sunt haec in hoc reo. Metum uirgarum nauarchus nobilissumae ciuitatis pretio redemit ; humanum est. Alius, ne condemnaretur, pecuniam dedit ; usitatum est. Non uult populus Romanus obsoletis criminibus accusari Verrem ; noua postulat ; inaudita desiderat ; non de praetore Siciliae, sed de nefario tyranno fieri iudicium arbitratur.

XLV Includuntur in carcerem condemnati ; supplicium constituitur in illos ; sumitur de miseris parentibus nauarchorum ; prohibentur adire ad filios, prohibentur liberis suis cibum uestitumque ferre. **118** Patres hi quos

116 Cleomenes *om. V* || uectus *cet.* : nictus *RS* || ad hominem Timarchides *clausula inusitata* || Timarchides negat esse ei periculum a securi *habet* QVINT. *Inst. Or.* 9, 3, 11 || esse ei *V* QVINT. : esse a *RS* ei esse *PQH* || ipsum adulescentem dicere audistis *habet* QVINT. *Inst. Or.* 9, 2, 57 || se ob *cet.* : ob *V* || Timarchidi numerasse *clausula inusitata.*

117 Leuia —usitatum est *habet* QVINT. *Inst. Or.* 8, 4, 19 || sunt haec *cet.* : h. s. *RS* || Metum —humanum *habet* QVINT. *Inst. Or.* 9, 2, 51 || nobilissimae *cet.* homo nobilissumae *RS* || ne (ut *RS*) condemnaretur *nostri* : ne securi feriretur QVINT. || usitatum est *cet.* QVINT. : usitatum *RS* || Non unlt —Verrem *habet* QVINT. *Inst. Or.* 9, 4, 70 || uult *cet.* QVINT. : uolet *RS* || Includuntur in carcerem condemnati *habent* SERV. *Georg.* 2, 76 *et* [SERG.] *K* IV 518, 10 *et* ARVS. *K.* VII 485, 2 || prohibentur suis liberis *(sic)* —ferre *habet* NON. 303, 13 || ferre *RS* NON. : intro ferre *PQH.*

couchés sur le seuil de la prison, les malheureuses mères passaient toute la nuit devant la porte ; on les empêchait de voir une dernière fois leurs enfants. Elles ne demandaient qu'une chose, la permission de recueillir dans un baiser le dernier soupir de leurs fils. Il y avait là le geôlier de la prison, le bourreau du préteur, la mort et la terreur des alliés et des citoyens, le licteur Sextius (1), qui des gémissements et de la douleur de tous tirait un profit déterminé. — « Pour entrer, tu donneras tant (2). Pour introduire des vivres, ce sera tant ». — Nul ne refusait. — « Et pour que d'un seul coup de hache je donne la mort à ton fils, que donneras-tu ? Pour qu'il ne soit pas torturé longtemps ? Pour qu'il ne soit pas frappé de trop de coups ? Pour que la vie lui soit ôtée sans qu'il souffre ? » (3) — Même pour ce motif on donnait de l'argent [au licteur]. **119** O profonde et insupportable douleur ! O lourde et cruelle condition ! Ce n'était pas la vie de leurs enfants, mais la promptitude de leur mort que les parents étaient forcés

(1) Voir t. IV, *de frum.*, LXVII, 156, et dans le *de supp.* plus bas, LIV, 142.

Sextius était le premier des licteurs de Verrès. Sous la République, les préteurs avaient deux licteurs à Rome et six dans les provinces ; six étaient attribués aussi aux propréteurs comme Verrès. Les consuls et les magistrats exerçant l'*imperium consulare* avaient 12 licteurs. Ces appariteurs marchaient un à un devant le magistrat ; le plus près de lui était le *lictor proximus* ; à l'époque des *Verrines*, il a rang de chef d'escorte. Hors de Rome, les licteurs étaient chargés des exécutions capitales par les verges et la hache ; à Rome les agents des tribuns remplissaient ces fonctions ; à la fin de la République et sous l'Empire, il y avait un bourreau en titre, *Carnifex*. (V. Suétone, *Claude*, 34).

(2) Quintilien (*Instit. orat.*, XI, 1, 40), recommandant à l'orateur de donner aux personnages qu'il met en scène leur caractère propre et leur langage naturel, cite avec admiration ce passage.

(3) Voilà bien les crimes nouveaux, les forfaits inouïs que Cicéron annonçait à la fin du chapitre XLIV. Verrès et son Sextius sont les dignes précurseurs de Caligula (voir Suétone, *Calig.* XXX) qui faisait toujours frapper lentement et répétait souvent à son bourreau : Fais en sorte qu'ils se sentent mourir, *ita feri ut se mori sentiant.*

uidetis, iacebant in limine, matresque miserae pernoctabant ad ostium carceris ab extremo conspectu liberum exclusae. Quae nihil aliud orabant nisi ut filiorum suorum postremum spiritum ore excipere liceret. Aderat ianitor carceris, carnifex praetoris, mors terrorque sociorum et ciuium, lictor Sextius, cui ex omni gemitu doloreque certa merces conparabatur. « Vt adeas, tantum dabis; ut cibum tibi intro ferre liceat, tantum. » Nemo recusabat. « Quid ut uno ictu securis adferam mortem filio tuo, quid dabis ? ne diu crucietur, ne saepius feriatur, ne cum sensu doloris aliquo spiritus auferatur ? » Etiam ob hanc causam pecunia [lictori] dabatur. **119** O magnum atque intolerandum dolorem ! o grauem acerbamque fortunam ! Non uitam liberum, sed mortis celeritatem pretio

118 Patres—liceret *habet* MART. CAP. *H.* 470, 32 ‖ Patres—carceris *habet* SEVER. *H.* 366, 27 ‖ Patres —limine *habet* NON. 326, 30 ‖ limine *cet.* : limine ipso *V* l. primo MART. CAP. pernoctabant —carceris *habet* QUINT *decl. Lehn.* 119, 2 ‖ ad ostium *cet.* : ante o. *V* QVINT. MART. CAP. ‖ conspectu *cet.* : —tum *V* ‖ liberum *cet.* : —orum *V* ‖ ut filiorum —liceret *habet* SERV. *Aen.* 4, 685 ‖ filiorum —liceret *habet* NON. 293, 32 ‖ postremum *V* NON. : postremo *RS* supremum *PQH* extremum SERV. *codd. rec.* ‖ ore —liceret *habet* QVINT, *Inst. Or.* 9, 4, 108 ‖ excipere liceret *clausula inusitata* ‖ Aderat —Sextius *habent* QVINT, *Inst. Or.* 8, 4, 27 *et* SEVER. *H.* 369, 12 ‖ Aderat —sociorum *habet* SEVER. H. 366, 29 ‖ Aderat — praetoris *habet* QVINT. *Inst. Or.* 9, 4, 124 *et* DIOM. *K.* I 466, 24 ‖ ciuium *RSPQH* : ciuium romanorum *cet.* ‖ sextius *V* QVINT SEVER. : sextus *RS* sestius *PQH* ‖ ex omni —comparabatur *habet* NON, 256, 40 ‖ omni NON. *PQH* : omnium *RS om. V* ‖ doloreque *nostri* : ac d. NON. ‖ Vt adeas tantum dabis *habent.* QVINT. *Inst. Or.* 4, 2, 106 ; 11, 1, 40 *et* VICTOR. *(e Quint.) H* 427, 2 ‖ ut cibum —tantum *habet* QVINT. *Inst. Or.* 9, 4, 71 ‖ cibum tibi *cet.* : tibi cibum nestitumque *V* cibum nestitumque QVINT. ‖ ictu *om. RS.* ‖ adferam mortem filio tuo *cet.* : m. f. t. a. *V* ‖ spiritus *cet.* : sp. ei *V* ‖ lictori *om. RS.* ‖ dabatur *cet.* : datur *V*.

119 intolerandum *cet.* : —rabilem *V* ‖ Non —celeritatem *habet* RVFIN. *H.* 44, 25 ‖ Non —parentes *habet* SEVER. *H.* 366, 30 ‖ uitam *VPQH* RVFIN. SEVER. : ut tam *RS* ‖ liberum *cet.* RVFIN. SEVER. : liberorum *V*.

d'acheter à prix d'or. Et ces jeunes hommes allaient jusqu'à traiter avec [leur] Sextius pour n'être blessés et frappés qu'une fois et la dernière grâce qu'ils demandaient à leurs parents, c'était de payer le licteur pour abréger leur torture.

Voilà pour les parents et les proches des inventions bien nombreuses de tourments rigoureux ; elles sont nombreuses : que la mort du moins en soit le terme ! Non, ce ne sera point. Est-il donc encore un degré où la cruauté puisse monter ? On le trouvera ; car les corps des victimes frappées et tuées violemment à coups de hache seront exposés aux bêtes sauvages (1). Si les parents le déplorent, qu'ils rachètent à prix d'or la possibilité de les ensevelir. **120** Vous avez entendu Onasus de Ségeste, homme bien connu, déposer qu'il a compté une somme à Timarchide pour la sépulture d'Héraclius le capitaine. Et ne viens pas dire : « Eh oui ! ce sont des pères irrités, de la perte de leurs fils ». — Voilà un homme de premier rang, très connu, qui parle et ce n'est pas de son fils qu'il parle. Fut-il quelqu'un alors à Syracuse qui n'ait entendu dire, qui ne sache que Timarchide fit des marchés pour la sépulture avec les condamnés encore vivants ? Ne les concluaient-ils pas ouvertement avec Timarchide ? Les proches de tous les prisonniers n'y étaient-ils pas admis ? Le prix des funérailles d'hommes vivants n'était-il pas débattu publiquement ?

Exécution d'innocents.

XLVI **121** Toutes ces questions discutées et tranchées, les condamnés son tirés de prison et attachés au poteau.

Qui fut alors assez dur, assez inhumain, sauf toi seul entre tous, pour n'être pas touché de leur jeunesse, de leur notoriété, de leur détresse ? Qui ne versait des lar-

(1) Les anciens croyaient que l'âme du mort privé de sépulture errait cent ans sur les bords du Styx, qu'on la fixait dans le tombeau en recouvrant le corps de terre, en observant des rites et en prononçant des formules consacrées. V. Fustel de Coulanges, *La cité antique*, l. I, ch. I et II ; *Virg. En.* III, 62-68 ; VI, 324-376.

redimere cogebantur parentes. Atque ipsi etiam adulescentes cum Sextio [suo] de plaga et de uno illo ictu loquebantur, idque postremum parentis suos liberi orabant ut leuandi cruciatus sui causa lictori pecunia daretur. Multi et graues dolores inuenti parentibus et propinquis ; multi ; uerum tamen mors *s*it extrem*um* ! Non erit. Estne aliquid ultra quo crudelitas progredi possit ? Reperietur ; nam illorum cum erunt securi percussi ac necati, corpora feris obicientur. Hoc si luctuosum est parentibus, redimant pretio sepeliendi potestatem. **120** Onasum Segestanum, hominem nobilem, dicere audistis se ob sepulturam Heraclii nauarchi pecuniam Timarchidi numerasse. Ne hoc possis dicere : « patres enim ueniunt amissis filiis irati » ; uir primarius, homo nobilissimus, dicit, neque de filio dicit. Iam hoc quis tum fuit Syracusis quin audierit, quin sciat has Timarchidi pactiones sepulturae cum uiuis etiam illis esse factas ? non palam cum Timarchide loquebantur, non omnes omnium propinqui adhibebantur, non palam uiuorum funera locabantur ?

XLVI **121** Quibus omnibus rebus actis atque decisis producuntur e carcere, deligantur. Quis tam fuit illo tempore ferreus, quis tam inhumanus praeter unum te qui non illorum aetate, nobilitate, miseria commoueretur? Ecquis fuit quin lacr*i*mar*et*, quin ita calamitatem

119 Atque —loquebantur *habet* NON. 369, 8 || ipsi etiam *cet.* : e. i. *NON* || *Post* adulescentes *deest V* || Sextio *PQH* NON. : S. suo *RS* || Multi —multi *habet* QVINT. 9, 3, 34 || mors sit *PQH* : morxit *RS* || extremum *Eberhard* : —mo *RS* —ma *PQH*.
120 Timarchidi numerasse *clausula inusitata* || —bantur non omnes *adest rursus V* || uiuorum *cet.* : uibo — *V*.
121 ferreus *RS* : durus *V* durus et ferreus *PQH* || lacrimaret *PQH* : lacrumarum *RS* lacrumarum et *V*.

mes ? Qui ne vit dans ce malheur autre chose qu'une infortune étrangère et n'eut conscience d'un péril général (1) ? Ils sont frappés de la hache. Tu te réjouis quand tous gémissent et tu triomphes ; tu te félicites d'avoir supprimé des témoins de ton avidité (2). Tu te trompais, Verrès, et tu te trompais fortement, quand tu te croyais sûr de laver dans le sang d'alliés innocents les taches de tes rapines et de tes scandales. Tu étais aveuglé, égaré en estimant pouvoir trouver dans la cruauté un remède aux blessures causées par ton avidité. Et en effet les témoins de ton crime ont eu beau mourir, cependant leurs proches sont là pour les remplacer et pour te confondre ; cependant de tout ce nombre de capitaines quelques-uns vivent et sont présents, et il me semble que la fortune les a conservés pour venger ces innocents et témoigner en ce procès. **122** Voici Phylarque d'Haluntium qui, n'ayant pas fui avec Cléomène, a été attaqué et fait prisonnier par les corsaires. Son malheur a été son salut ; s'il n'eût été pris par les pirates, il serait tombé entre les mains de ce détrousseur de nos alliés. Il rend témoignage au sujet des congés des matelots, de leur famine, de la fuite de Cléomène (3). Voici Phalacre de Centuripe, issu d'une très grande famille dans une très grande cité ; il rapporte mêmes faits ; sur aucun point il n'est en désaccord (4).

123 Par les dieux immortels ! Qu'en pensez-vous donc, juges qui siégez ? Quelle impression ce récit vous a-t-il faite (5) ? Ai-je perdu la raison ? Est-elle excessive

(1) En présence de ces atrocités, pas de Sicilien qui n'ait lieu de se sentir menacé dans sa personne, sa famille et ses biens.

(2) Voir plus haut XXIV, 61 ; XXV, 62 ; XXXIII, 86, 87 ; XXXIV, 87 ; XXXIX, 101, 102 ; XL, 103 ; XLI, 106.

(3) Voir XXXIV, 90.

(4) Voir XL, 105 ; XLIV, 106.

(5) Voir pour la composition du tribunal t. II, *Actio prima*, Notice p. 82 et 83. Le président Manius Acilius Glabsio était un peu mou et négligent : de là ces vives apostrophes.

illam putaret illorum, ut fortunam tamen non alienam, periculum autem commune arbitraretur ? Feriuntur securi. Laetaris tu in omnium gemitu et triumphas ; testes auaritiae tuae gaudes esse sublatos. Errabas, Verres, et uehementer errabas, cum te maculas furtorum et flagitiorum tuorum sociorum innocentium sanguine eluere arbitrabare. Praeceps amentia ferebare, qui te existimares auaritiae uolnera crudelitatis remediis posse sanare. Etenim quamquam illi sunt mortui sceleris tui testes, tamen eorum propinqui neque illis neque tibi desunt, tamen ex illo ipso numero nauarchorum aliqui uiuunt et adsunt, quos, ut mihi uidetur, ad illorum innocentium poenas fortuna et ad hanc causam reseruauit.
122 Adest Phylarchus Haluntinus, qui, quia cum Cleomene non fugit, oppressus a praedonibus et captus est. Cui calamitas saluti fuit, qui nisi captus a piratis esset, in hunc praedonem sociorum incidisset. Dicit is pro testimonio de missione nautarum, de fame, de Cleomenis fuga. Adest Centuripinus Phalacrus in amplissima ciuitate amplissimo loco natus ; eadem dicit, nulla in re discrepat.

123 Per deos immortalis ! quo tandem animo sedetis, iudices, aut haec quemadmodum audistis? Vtrum ego desipio et plus quam satis est doleo tanta calamitate

121 fortunam *cet.* : f. putaret *V* || arbitraretur *om.* *V* || Feriuntur —triumphas *habet* NON. 311, 18 || Laetaris —triumphas *habet* SEVER. *H.* 367, 2 || gemitu et triumphas *cet.* NON. SEVER. : gemitum et triumphum *RS* || neque illis neque tibi *V* : neque tibi neque illis *RS* neque tibi *PQH* || illo ipso *cet.* : ipso illo *RS* || et adsunt *cet.* : adsunt *V* || mihi *cet.* : mi *V* || innocentium *cet.* : amicum innocentiam *V*.

122 oppressus *cet.* : —sis *V* || missione *cet.* : ussione *V*.

123 audistis *RS* : audietis *V* auditis *PQH* || satis est *cet.* : satis *V*.

la douleur que me causent une calamité et une détresse si grande d'alliés ? Cette torture si cruelle d'innocents, cette affliction < des parents > vous pénètrent-elles de la même douleur ? Pour moi, en vérité quand je dis qu'un citoyen d'Herbita (1), qu'un citoyen d'Héraclée (2) ont été frappés de la hache, devant mes yeux se dresse l'infamie de cet affreux malheur. XLVII Des citoyens de ces pays, des fils de ces champs d'où leurs efforts et leurs travaux tirent tous les ans grande abondance de blé pour le peuple romain (3), ces hommes que leurs parents confiants dans notre puissance et notre équité ont mis au jour et élevés auront donc été réservés à la sauvagerie sacrilège de Verrès et à sa hache mortelle ! **124** Quand je me rappelle cet officier de Tyndaris, cet autre de Ségeste (4), je me représente en même temps les droits et les charges de leurs cités. A ces villes que Scipion l'Africain a cru en conscience devoir enrichir des dépouilles des ennemis, Verrès, par un crime sacrilège, a ôté ces richesses et même leurs hommes les plus en vue. Et même voici ce que les habitants de Tyndaris se plaisent à répéter : « Nous comptons parmi les dix-sept peuples les plus sûrs de la Sicile : toujours dans toutes les guerres puniques et siciliennes, nous sommes restés fidèles à l'amitié et aux engagements avec le peuple romain ; toujours nous avons fourni au peuple romain secours pendant la guerre et ressources précieuses pendant la paix. » Ces titres leur ont bien servi sous le commandement et l'administration de cet homme ! **125** Ce sont vos matelots que Scipion jadis conduisit contre Carthage, or maintenant c'est un vaisseau presque vide que Cléomène conduit contre des corsaires. Avec vous l'Africain a partagé les dépouilles des ennemis et les fruits de sa gloire · or à présent dépouillés par Verrès,

(1) Le fils d'Eubulide. Voir XLII, 110.

(2) Furius. Voir XLIII, 112.

(3) Voir plus haut XXXVIII, 99 et t. III, *de praet. sicil.* II, 5 et t. IV, *de frum.*, XVIII, 45-47.

(4) V. XLII, 108 et 110 et XLIII, 111 : Aristée et Héraclius.

miseriaque sociorum, an uos quoque hic acerbissumus innocentium cruciatus et maeror *parentum* pari sensu doloris adficit ? Ego enim, cum Herbitensem, cum Heracliensem securi percussum esse dico, uersatur mihi ante oculos indignitas calamitatis. XLVII Eorumne populorum ciuis, eorum agrorum alumnos ex quibus maxima uis frumenti quotannis plebi Romanae illorum operis ac laboribus quaeritur, qui a parentibus spe nostri imperii nostraeque aequitatis suscepti educatique sunt, ad C. Verris nefariam inmanitatem et ad eius funestam securem esse seruatos ? **124** Cum mihi Tyndaritani illius uenit in mentem, cum Segestani, tum iura simul ciuitatum atque officia considero. Quas urbes P. Africanus etiam ornandas esse spoliis hostium arbitratus est, eas C. Verres non solum illis ornamentis, sed etiam uiris nobilissimis nefario scelere priuauit. En quod Tyndaritani libenter praedicent : « nos in septemdecim populis Siciliae numeramur ; nos semper omnibus Punicis Siciliensibusque bellis amicitiam fidemque populi Romani secuti sumus ; a nobis omnia populo Romano semper et belli adiumenta et pacis ornamenta ministrata sunt. » Multum uero haec iis iura profuerunt in istius imperio ac potestate ! **125** Vestros quondam nautas contra Carthaginem Scipio duxit, at nunc nauem contra praedones paene inanem Cleomenes ducit ; uobiscum Africanus hostium spolia et praemia laudis communicauit, at nunc

123 quoque hic *cet.* : hic quoque *RS* || parentum *add. Bake* || spe *cet.* : spes *V* || aequitatis *cet.* : aetatis *V.*
124 Cum mihi —considero *habet* PRISC. K. III 352, 20 || numeramur *cet.* : miramur *V* || omnia *om. RS* || ministrata *RS* : admi —*cet.*
125 duxit *cet.* : adduxit *V* || ducit *cet.* : duxit et *RS.*

ayant vu votre vaisseau emmené par les pirates, vous serez comptés et jugés comme des ennemis. Que dire de plus ? Cette parenté des Ségestains avec nous, constatée par des monuments écrits, rappelée par la tradition, manifestée et prouvée par beaucoup de bons offices, cette communauté de race, quels avantages a-t-elle donc rapportés sous la domination de Verrès (1) ? Sans doute, juges, ce privilège, qu'un jeune homme très en vue a été arraché du sein même de la patrie pour être livré à Sextius, bourreau de Verrès. Cette cité à qui nos ancêtres ont accordé les terres les plus étendues et les meilleures, qui par leur volonté a été affranchie d'impôts, cette cité, avec tous ses titres de parenté, d'amitié fidèle, d'alliance ancienne, de considération, n'a pas même reçu de toi ce droit, d'obtenir par ses prières la grâce et le salut du citoyen entre tous le plus honorable et le plus innocent !

Le tribunal est le seul recours des alliés.

XLVIII 126 Quel recours auront nos alliés ? Qui imploreront-ils ? Quel espoir enfin les attachera-t-il à la vie, si vous les abandonnez ? Est-ce devant le Sénat qu'ils viendront ? Pourquoi ? Pour qu'il condamne Verrès au supplice ? Ce n'est pas dans les fonctions du Sénat, ni dans ses attributions (2). Est-ce au peuple romain qu'ils auront recours ? Il a une bonne raison de se récuser ; il dira qu'il a porté une loi en faveur des alliés et qu'il vous a établis comme les gardiens et les défenseurs de cette loi. Ce tribunal-ci est donc leur seul refuge. Voilà leur port, leur citadelle, leur autel protecteur. Et s'ils y recourent à présent, ce n'est pas comme ils avaient coutume auparavant pour récla-

(1) Les Romains faisaient remonter leur parenté avec Ségeste jusqu'à Énée qui aurait fondé cette ville. Voir t. V, *de Signis*, XXXIII, 72 et la note 2, p. 48. Elle était exempte d'impôts. Voir t. IV, *de frum.*, XL, 92.

(2) Le Sénat était pouvoir gouvernemental, mais à cette date le personnel des juges n'était pris que dans le Sénat.

per hunc spoliati, naui a pradonibus abducta, ipsi in hostium loco numeroque ducimini. Quid uero ? illa Segestanorum non solum litteris tradita neque commemorata uerbis, sed multis officiis illorum usurpata et conprobata cognatio quos tandem fructus huiusce necessitudinis in istius imperio tulit ? Nempe hoc iure fuit, iudices, ut ex sinu patriae nobilissimus adulescens istius carnifici Sextio dederetur. Cui ciuitati maiores nostri maximos agros atque optimos concesserunt, quam immunem esse uoluerunt, haec apud te cognationis, fidelitatis, uetustatis, auctoritatis ne hoc quidem iuris obtinuit, ut unius honestissimi atque innocentissimi ciuis mortem ac sanguinem deprecaretur.

XLVIII **126** Quo confugient socii? quem inplorabunt? qua spe denique ut uiuere uelint tenebuntur, si uos eos deseretis? Ad senatumne uenient? quid? ut de Verre supplicium sum*a*t ? Non est usitatum, non senatorium. Ad populum Romanum confugient ? Facilis est populi causa ; legem enim se sociorum causa iussisse et eius uos legis custodes ac uindices praeposuisse dicet. Hic locus igitur est unus quo perfugiant, hic portus, haec ar*x*, haec ara sociorum. Quo quidem nunc non ita confugiunt ut antea in suis repetundis rebus solebant. Non

125 hunc *V* : me *cet.* || spoliati *cet.* : —ta *V* || naui *V* : naue *cet.* || abducta *om.* *V* || ducimini *RS* : duce —*V* || conprobata *cet.* : commemorata *V* || patriae *cet.* : patrio *V* || adulescens istius *RS* : adulescens et ex conplexu matris ereptus innocens istius *cet.* || carnifici Sextio *V* : —cis exitio *cet.*

126 Quo confugient socii *habet* SEVER. *H.* 367, 3 || senatumne *V* : senatum *cet.* || uenient *RS* : ueniant *V* || sumat *codd. rec.* : sumant *nostri.* || senatorium *PQH* : —rum *RS* est senatorium *V* || populi causa *RS* : c. p. *PQH* causa P. R. *V* || eius uos (u. e. *Q*) legis (-s *P*) *cet.* : eius *V* || praeposuisse *cet.* pro —*RS* || Hic *cet.* : hi *V* || perfugiant *cet.* -ient *V* || haec arx (ars *V*) *om.* *RS*.

mer leurs biens. Ce n'est pas de l'argenterie, de l'or, des tapis, des esclaves qu'ils réclament ; ce ne sont pas les œuvres d'art arrachées des villes et des sanctuaires (1). Ils craignent dans leur ignorance qu'à présent le peuple romain n'en vienne à permettre ces exactions et ne veuille les maintenir (2). Depuis bien des années en effet, sans rien dire, nous souffrons que sous nos yeux les richesses de tous les peuples deviennent le tribut d'un petit nombre de personnes. Cet abus, nous semblons le supporter et l'autoriser avec d'autant plus d'indifférence qu'aucun de ces prévaricateurs ne se cache, qu'aucun ne se met en peine de voiler sa cupidité. **127** Dans notre ville si belle et si bien décorée, quelle est la statue, quel est le tableau qui n'ait été conquis sur des ennemis vaincus et rapporté de leur pays ? Or ce sont les maisons de campagne de ces déprédateurs qui sont ornées et remplies des dépouilles très nombreuses et très belles de nos très fidèles alliés. Où pensez-vous en conscience que se trouvent les richesses de peuples étrangers maintenant réduits à l'indigence, quand vous voyez Athènes, Pergame, Cyzique, Milet, Chios, Samos, l'Asie tout entière, l'Achaïe, la Grèce, la Sicile, renfermées dans un si petit nombre de maisons de plaisance (3) ?

Mais toutes ces richesses, comme je le déclare, vos alliés maintenant les abandonnent et ne les revendiquent pas. En effet, par leurs services et par leur fidélité ils se sont précautionnés contre une spoliation officielle de la part du peuple romain. Quand ils ne pouvaient pas lutter contre la cupidité d'un petit nombre, ils pouvaient en quelque mesure y suffire. Mais voilà qu'à présent ils perdent tout moyen non seulement d'y résister, mais d'y satisfaire. Aussi n'ont-ils point souci de

(1) Voir sur ces vols t. V., tout le discours sur les œuvres d'art.

(2) Cicéron a rappelé dans le *de Signis*, X, 22 et LIX, 133, que naguère la justice, à son avis, était rendue avec plus de sévérité.

(3) Sur ce luxe, son origine et ses progrès, voir Tite-Live, XXV, 40 ; Salluste, *Catil.*, X, XI, XII, XIII et XX et *Jug.*, XXXI et Juvénal, *Sat.* VI, 298-300 et VIII, 98-108.

argentum, non aurum, non uestem, non mancipia repetunt; non ornamenta quae ex urbibus fanisque erepta sunt; metuunt homines imperiti ne iam haec populus Romanus concedat et ita uelit fieri. Patimur enim multos iam annos et silemus, cum uideamus ad paucos homines omnes omnium nationum pecunias peruenisse. Quod eo magis ferre animo aequo et concedere uidemur, quia nemo istorum dissimulat, nemo laborat ut obscura sua cupiditas esse uideatur. **127** In urbe nostra pulcherrima atque ornatissima, quod signum, quae tabula picta est quae non ab hostibus uictis capta atque deportata sit? At istorum uillae sociorum fidelissimorum plurumis et pulcherrumis spoliis ornatae refertaeque sunt. Vbi pecunias exterarum nationum esse arbitramini, quae nunc omnes egent, cum Athenas, Pergamum, Cyzicum, Miletum, Chium, Samum, totam denique Asiam, Achaiam, Graeciam, Siciliam, tam in paucis uillis inclusas esse uideatis? Sed haec, ut dico, omnia iam socii uestri relinquunt et neglegunt, iudices. Ne publice a populo Romano spoliarentur, officiis ac fide prouiderunt; paucorum cupidati tum cum obsistere non poterant, tamen sufficere aliquo modo poterant. Nunc uero iam adempta est non modo resistendi, uerum etiam suppeditandi facultas. Itaque res suas neglegunt; pecunias,

126 non argentum non aurum *RSP* : non aurum non argentum *cet.* || uelit fieri *V* : f. u. *cet.* || omnes omnium *cet.* : omnium *RS* || peruenisse *cet.* : —nire se *RS* || eo *om. V* || dissimulat *cet.* : —atio *V* || laborat *cet.* : ela —*V*.

127 deportata *RS* : adp —*cet.* || totam denique *cet.* : totamque *RS* || Asiam *om. V* || inclusas *cet.* : —sa *V* || socii *cet.* : solici *V* || ne *cet.* : ne enim *V* || populo Romano *cet.* : praetore *V* || officiis *cet.* : —io *V* || cupiditate *cet.* : —ti *V* || Nunc *cet.* : hi nunc *V* || adempta est *cet.* : a. sit *RS*.

leurs biens ; ce n'est pas de concussions qu'ils se plaignent devant ce tribunal constitué pour juger les crimes de concussion ; ils abandonnent ce grief. Voici en quel appareil maintenant ils recourent à vous.

XLIX **128** Regardez, juges, regardez l'extérieur triste et misérable de nos alliés !

Ce Sthénius de Thermes (1) que voici avec ces cheveux longs, ces vêtements de deuil, dont la maison tout entière a été mise au pillage, ne parle point de tes larcins : c'est sa propre personne qu'il te redemande sans plus ; tout entier il a été arraché par ta décision arbitraire et ton crime à sa patrie où ses mérites et ses bienfaits lui assuraient le premier rang. Ce Dexo, que vous voyez, réclame non pas ce que tu as soustrait, — objets qui étaient la propriété de la ville de Tyndaris ou son bien personnel, mais c'est son fils unique, le meilleur et le plus innocent des fils que le malheureux te réclame. Non, ce n'est pas en tirant de toi des dommages et intérêts qu'il songe à enrichir sa maison, c'est en te perdant qu'il veut consoler en quelque façon les cendres et les ossements de son fils. Cet Eubulide, si âgé, n'a pas entrepris au terme de sa vie un voyage si long et si fatigant pour recouvrer quelque portion de son bien, mais pour que ses yeux qui ont vu la décollation sanglante de son fils te vissent frappé du châtiment. **129** Si Métellus (2) l'avait permis, juges, les mères et les sœurs de ces malheureux seraient venues devant vous. Une d'elles, au moment où, de nuit, j'approchais d'Héraclée, vint au devant de moi, avec toutes les dames de la ville, portant quantité de torches, et faisant appel à moi comme à un sauveur, te nommant son bourreau, répétant en pleurant le nom de son fils, elle s'est jetée à mes pieds, la malheureuse, comme si je pouvais lui ramener du fond des enfers son fils ressuscité. De même faisaient dans toutes les autres cités, les vieilles mères et les petits enfants des victimes : l'âge

(1) Voir t. III, *de praet. sic.*, XXIV, 82-XLVIII, 118.
(2) Gouverneur de Sicile, successeur de Verrès.

quo nomine iudicium hoc appellatur, non repetunt, relinquunt ; hoc iam ornatu ad uos confugiunt.

XLIX **128** Aspicite, aspicite, iudices, squalorem sordesque sociorum ! Sthenius hic Thermitanus cum hoc capillo atque ueste, domu sua tota expilata, mentionem tuorum furtorum non facit ; sese ipsum abs te repetit, nihil amplius ; totum enim tua libidine et scelere ex sua patria, in qua multis uirtutibus ac beneficiis princeps fuit, sustulisti. Dexo hic quem uidetis, non quae publice Tyndaride, non quae priuatim sibi eripuisti, sed unicum miser abs te filium optimum atque innocentissimum flagitat ; non ex litibus aestimatis tuis pecuniam domum, sed ex tua calamitate cineri atque ossibus fili sui solacium uolt aliquod reportare. Hic tam grandis natu Eubulida hoc tantum exacta aetate laboris itinerisque suscepit, non ut aliquid de suis bonis recuperaret, sed ut quibus oculis cruentas ceruices fili sui uiderat, isdem te condemnatum uideret. **129** Si per L. Metellum licitum esset, iudices, matres illorum miserorum sororesque ueniebant. Quarum una, cum ego ad Heracliam noctu accederem, cum omnibus matronis eius ciuitatis et cum multis facibus mihi obuiam uenit, et ita me suam salutem appellans, te suum carnificem nominans, fili nomen inplorans, mihi ad pedes misera iacuit, quasi ego eius excitare ab inferis filium possem. Faciebant hoc idem ceteris in ciuitatibus grandes natu matres et item parui liberi misero-

128 Aspicite aspicite *RS* : aspicite *cet.* || domu *RS* : domo *cet.* || tota *cet.* : toto *V* || abs *cet.* : a *V* || et scelere *cet.* : scelere *V* || Eubulida *cet.* : Eubulida hic *V* || isdem te *cet.* : iste *RS* || uideret *cet.* : uident *V*.

129 Si per *cet.* : sibi p. r. *RS* || sororesque *cet.* : sororesque uxoresque *V* || Heracliam *cet.* : —eam *V* || ego eius *cet.* : ego *V* || idem *cet.* : itidem *RS*.

de ces suppliants sollicitait mes efforts et mon activité, votre justice et votre pitié. **130** Aussi, juges, est-ce cette plainte que par-dessus toutes les autres m'a portée la Sicile en larmes. Ce sont ces larmes et non pas un vain désir de gloire qui m'ont amené ici, pour empêcher les condamnations injustes, la prison, les chaînes, les coups, les haches, les tortures des alliés, le sang des innocents, enfin les cadavres exsangues des victimes, l'affliction des parents et des proches de devenir occasion de bénéfices pour nos magistrats. Si, grâce à votre justice et à votre sévérité, j'écarte par la condamnation de Verrès cette crainte de la Sicile, je croirai, juges, avoir assez fait pour remplir mon devoir et répondre aux vœux de ceux qui m'ont chargé de les défendre (1).

L **131** Donc si d'aventure tu trouves un homme pour essayer de te justifier sur cette accusation concernant la flotte, qu'il te défende ainsi : qu'il laisse de côté les lieux communs étrangers à la cause, ne dise pas que je t'impute la faute de la fortune, que je t'accuse d'un malheur, que je te reproche la perte de la flotte, bien que beaucoup d'hommes de cœur aient bronché souvent à la guerre, dans un péril général et imprécis sur terre et sur mer. Je ne te reproche nullement des torts de la fortune ; pas besoin de citer les revers de tous les autres vaincus ; pas besoin de recueillir les épaves de la fortune de beaucoup de gens. Je déclare que les navires étaient sans équipages, que rameurs et matelots étaient en congé, que les autres ont vécu de racines de palmiers ; qu'un Sicilien a commandé la flotte du peuple romain ; un Syracusain, ceux qui ont été toujours nos alliés et nos amis ; que, pendant ce temps et tous les jours précédents, sur

(1) Nul doute que Cicéron n'ait été touché sincèrement par les doléances des Siciliens ; mais il avait vu aussi avantage à se charger de leur cause. Après l'édilité curule qu'il briguait en ce moment, une brillante défense de cités opprimées par un arrogant patricien se tournerait, espérait-il, en titre sérieux à de plus éminentes dignités : édile en 69, il fut préteur en 66, consul en 63, proconsul de Cilicie en 51.

rum, quorum utrumque aetas laborem et industriam meam, fidem et misericordiam uestram requirebat. **130** Itaque ad me, iudices, hanc querimoniam praeter ceteras Sicilia lacrumis detulit : lacrumis ego huc, non gloria inductus accessi, ne falsa damnatio, ne carcer, ne catenae, ne uerbera, ne secures, ne cruciatus sociorum, ne sanguis innocentium, ne denique etiam exsanguia corpora mortuorum, ne maeror parentum ac propinquorum magistratibus nostris quaestui posset esse. Hunc ego si metum Siciliae damnatione istius per uestram fidem et si ueritatem deiecero, iudices, satis officio meo, satis illorum uoluntati qui a me hoc petiuerunt, factum esse arbitrabor.

L **131** Quapropter siquem forte inueneris qui hoc nauale crimen conetur defendere, is ita defendat. Illa communia quae ad causam nihil pertinent praetermittat, me culpam fortunae adsignare, calamitatem crimini dare, me amissionem classis obicere, cum multi uiri fortes in communi incertoque periculo belli et terra et mari saepe offenderint. Nullam tibi obicio fortunam, nihil est quod ceterorum res minus commode gestas proferas, nihil est quod multorum naufragia fortunae colligas. Ego nauis inanis fuisse dico, remiges nautasque dimissos, reliquos stirpibus uixisse palmarum ; praefuisse classi populi Romani Siculum, perpetuo sociis

129 requirebat *V* : —bant *cet.*
130 Sicilia lacrumis detulit *V* : Sicilia detulit *(clausula inusitata) cet.* || lacrumis ego *cet.* : ego *V* || accessi *cet.* —sit *V* || ne falsa *cet.* : sed ne f. *V* || exsanguia *V* : —guium *cet.* || seueritatem *RS* : ueritatem *V* uirtutem *PQH* || factum *cet.* : satis f. *V*.
131 praetermittat *cet.* : — tam *V* || culpam fortunae *cet.* : culpae fortunam *V* || multi *cet.* : —ta *RS* || offenderint *cet.* : def— *V* || commode *cet.* : incom — *RS* || reliquos *cet.* : —quo *V* || perpetuo sociis atque *cet.* : perpetuum sociumque *V*.

le rivage, avec des petites femmes, tu buvais jusqu'à saturation (1) : voilà ce que je déclare et de tous ces faits je produis les garants et les témoins. **132** Est-ce que je parais t'insulter dans le malheur, te fermer les recours à la fortune, te reprocher les hasards de la guerre et t'en faire honte ? Et pourtant d'ordinaire ceux qui ne veulent pas qu'on leur reproche leur mauvaise fortune sont ceux qui se sont fiés à la fortune, qui en ont éprouvé les dangers et les vicissitudes. A ton malheur en vérité la fortune n'a eu aucune part. En général c'est dans les combats et non dans les festins que les hommes sont exposés aux risques de la fortune. Or, dans le malheur en question, nous pouvons le dire, ce ne sont pas les dangers de Mars que tu partageais, mais les plaisirs de Vénus (2). S'il ne faut pas te reprocher les torts de la fortune, pourquoi n'avoir pas fait la part de la fortune pour les capitaines innocents et ne pas leur avoir pardonné ? **133** Voici encore un argument que tu peux te retrancher : c'est que je t'accuse et te rends odieux pour avoir livré des gens au supplice et les avoir frappés de la hache suivant la coutume de nos ancêtres. Non, ce n'est pas sur le supplice que porte mon accusation ; non, je ne déclare pas que personne ne doit être frappé de la hache ; non, je ne dis pas qu'il faille supprimer de la discipline militaire la crainte, la sévérité du commandement, le châtiment du scandale. J'avoue qu'à l'égard des alliés et même des citoyens et de nos soldats on a très souvent sévi avec sévérité et violence. LI Ainsi donc laisse aussi de côté, ces généralités. Pour moi, je prouve que ce ne sont pas les capitaines

(1) Voir XXXVIII, 100. Verrès était le type de ces grands seigneurs indolents, insolents et débauchés dont la race n'était pas près de s'éteindre et qu'attaquera encore Salluste, *Jugurtha*, LXXXV, dans la fameuse harangue de Marius : *ubi adulescentiam habuere, ibi senectutem agant in conviviis, dediti ventri et turpissimae parti corporis*. Voir aussi *Catil.* XI, 6 ; Horace, *Sat.* I, 6 et Juvénal, *Sat.* VIII.

(2) Allusion à Nicé. Voir XL, 104 et XLI, 107.

atque amicis Syracusanum ; te illo tempore ipso superioribusque diebus omnibus in litore cum mulierculis perpotasse dico ; harum rerum omnium auctores testesque produco. **132** Num tibi insultare in calamitate, num intercludere perfugia fortunae, num casus bellicos exprobrare aut obicere uideor ? Tametsi solent ii fortunam sibi obici nolle, qui se fortunae commiserunt, qui in eius periculis sunt ac uarietate uersati. Istius quidem calamitatis tuae fortuna particeps non fuit. Homines enim in proeliis, non in conuiuiis belli fortunam periclitari solent. In illa autem calamitate non Martem fuisse communem, sed Venerem possimus dicere. Quodsi fortunam tibi obici non oportet, cur tu fortunae illorum innocentium ueniam ac locum non dedisti ? **133** Etiam illud praecidas licet, te quod supplicium more maiorum sumpseris securique percusseris, idcirco a me in crimen et in inuidiam uocari. Non in supplicio crimen meum uertitur ; non ego securi nego quemquam feriri debere, non ego metum ex re militari, non seueritatem imperi, non poenam flagitii tolli dico oportere ; fateor non modo in socios, sed etiam in ciuis militesque nostros persaepe esse seuere ac uehementer uindicatum. LI Quare haec quoque praetermittas licet. Ego culpam non in nauarchis,

131 te illo —uideor (§ 132) *om. V.*

132 Num casus —uideor *habet* ADDIT. PRISC. *K.* III 107, 18 ‖ ii *V* : hii *RS* hi *PQH* ‖ fortunae *cet.* : —nas *V* ‖ uersati *cet.* : —tus *V* ‖ quidem calamitatis *cet.* : calamitates q. *V* ‖ conuiuiis *cet.* : —uis *V* ‖ illa *cet.* : illam *V* ‖ calamitate *cet.* : —tem *VR*[1] ‖ Martem *cet.* : mortem *RS* ‖ possimus *V* : possumus *cet.* ‖ tibi obici *cet.* : obici *V.*

133 praecidas *cet.* : praedices *V* ‖ te *cet.* : hii *RS* ‖ et in inuidiam *V* : et inu — *cet.* ‖ uertitur *cet.* : —etur *RS* ‖ non ego (nego *V*) securi nego quemquam feriri debere, non ego metum *cet.* : non ego quemquam *RS* ‖ debere *cet.* : oportere *V* ‖ ex re *cet.* : in re *V* ‖ dico *cet.* : de *RS.*

qui sont coupables, mais toi ; c'est toi que j'accuse d'avoir envoyé en congé rameurs et soldats pour de l'argent. Voilà ce qui est attesté par les capitaines survivants (1) ; attesté, par la déposition officielle de la cité alliée de Nétum ; attesté par les habitants d'Amestra (2), d'Herbita, [d'Henna (3)], d'Agyrium (4), de Tyndaris (5), et cela officiellement ; ton propre témoin enfin, ton général en chef, ton rival, ton hôte, Cléomène déclare qu'il a débarqué pour tirer des soldats de la garnison de Pachynum et les placer sur ses vaisseaux. C'est ce qu'il n'eût pas fait assurément, si ses vaisseaux avaient eu leur effectif ; en effet le nombre est si bien calculé pour les vaisseaux armés et équipés qu'on n'y peut ajouter, je ne dis pas beaucoup d'hommes, mais même un soldat par bâtiment. **134** Je dis de plus que les matelots restés ont été eux-mêmes épuisés et anéantis par la faim et le manque de toutes ressources ; je dis ou que tous les capitaines ont été sans reproche, ou que si un entre tous doit être tenu coupable, le plus coupable est celui qui possédait le meilleur vaisseau, les matelots les plus nombreux, le commandement suprême ; ou bien, en admettant même qu'ils aient été tous en faute, il n'aurait pas fallu faire de Cléomène le spectateur de leur torture et de leur mort ; je dis encore que dans le supplice même, fixer un prix pour les larmes, un prix pour une blessure et un coup, un prix pour les cérémonies funèbres et la sépulture est un véritable sacrilège.

135 C'est pourquoi si tu veux me répondre, tu diras : « la flotte a été armée et équipée, il n'a manqué aucun combattant ; aucune rame, faute de rameur, n'a traîné à la surface de l'eau (6) ; la provision de blé a été fournie ; les capitaines mentent, tant de cités si dignes de foi

(1) Phalacre et Phylarque.
(2) Aujourd'hui Mistretta.
(3) Aujourd'hui Castro-Giovanni.
(4) Aujourd'hui San Felipo d'Argiro.
(5) Aujourd'hui détruite.
(6) Au lieu d'y pénétrer comme il arrive aux rames manœuvrées.

sed in te fuisse demonstro ; te pretio remiges militesque dimisisse arguo. Hoc nauarchi reliqui dicunt ; hoc Netinorum foederata ciuitas publice dicit ; hoc Amestratini, hoc Herbitenses, [hoc Hennenses], Agyrinenses, Tyndaritani publice dicunt ; tuus denique testis, tuus imperator, tuus aemulus, tuus hospes Cleomenes hoc dicit, sese in terram esse egressum ut Pachyno e terrestri praesidio milites colligeret, quos in nauibus collocaret ; quod certe non fecisset, si suum numerum naues haberent ; ea est enim ratio instructarum ornatarumque nauium ut non modo plures, sed ne singuli quidem possint accedere. **134** Dico praeterea illos ipsos reliquos nautas fame atque inopia rerum omnium confectos fuisse ac perditos ; dico aut omnis extra culpam fuisse, aut si uni adtribuenda culpa sit in eo maximam fuisse qui optimam nauem, plurimos nautas haberet, summum imperium obtineret, aut si omnes in culpa fuerint, non oportuisse Cleomenen constitui spectatorem illorum mortis atque cruciatus ; dico etiam in ipso supplicio mercedem lacrimarum, mercedem uolneris atque plagae, mercedem funeris ac sepulturae constitui nefas fuisse. **135** Quapropter si mihi respondere uoles, haec dicito, classem instructam atque ornatam fuisse, nullum propugnatorem afuisse, nullum uacuum tractum esse remum, rem frumentariam esse suppeditatam ; mentiri nauarchos, mentiri tot tam graues ciuitates, mentiri

133 dicunt *cet.* : duc —*RS* || Amestratini hoc Herbitenses *cet.* : H. hoc A. *V* || hoc Hennenses *om. RS.* || sese in terram *cet.* : esse in terra *V* || e terrestri *cet.* : de t. *V* || ornatarumque *om. V.*
134 possint *V* : —ent *cet.* || fuerint *cet.* : —unt *V* || illorum *cet.* : illius *V* || constitui *cet.* : —it *V* || nefas fuisse *clausula inusitata.*
135 afuisse *cet.* : fuisse *V* || remum *om. V* || suppeditatam *cet.* : subito sup —*V* || tot tam *RS* : totam *V* tot et tam *PQH.*

mentent, même la Sicile entière ment ; tu as été trahi par Cléomène, qui dit avoir débarqué pour emmener des soldats de Pachynum ; c'est la force morale et non la force armée qui a fait défaut aux capitaines ; Cléomène se battant très vaillamment a été laissé en arrière et lâchement abandonné par eux ; de l'argent pour la sépulture n'a été donné à personne. » Si tu parles ainsi, tu seras pris ; si tu tiens un autre langage, tu ne réfuteras pas ce que j'ai avancé.

Prosopopée du père de Verrès.

LII 136 Ici tu oseras même dire : « Il y a là parmi les juges mon ami intime (1), un ami de mon père. » Ne vois-tu pas que plus quelqu'un est lié avec toi, plus il est honteux pour toi de paraître ainsi accusé devant lui ? C'est un ami de ton père ? Si ton père lui-même était juge, au nom des dieux immortels, que pourrait-il faire quand il te dirait : « Toi, préteur dans une province du peuple romain, ayant à diriger une guerre maritime, tu as dispensé les Mamertins pendant trois ans de fournir le vaisseau qu'ils auraient dû d'après le traité, et c'est pour toi, pour ton usage particulier que les mêmes ont construit aux frais de la cité un très grand vaisseau de transport ; c'est toi qui, sous prétexte d'équiper la flotte as perçu des sommes d'argent des cités ; c'est toi qui à prix d'or as envoyé en congé les matelots ; c'est toi qui, un navire de corsaire ayant été capturé par ton questeur et ton lieutenant, as soustrait à la vue de tous le chef des pirates ; c'est toi qui as pu frapper de la hache des hommes appelés citoyens romains et reconnus pour tels par beaucoup de gens ; c'est toi qui as osé détourner chez toi des pirates et tirer de chez toi pour le procès le chef des pirates ; 137 c'est toi qui dans une province si belle, chez les alliés les plus fidèles, les citoyens romains les plus honorables, au

(1) Marcus Métellus, frère du gouverneur de la Sicile. Voir t. II, *Actio prima*, notice p. 83.

etiam Siciliam totam ; proditum esse te a Cleomene qui se dixerit exisse in terram ut Pachyno deduceret milites ; animum illis, non copias defuisse ; Cleomenem acerrume pugnantem ab iis relictum esse atque desertum ; nummum ob sepulturam datum nemini. Quae si dices, tenebere ; sin alia dices, ea quae a me dicta sunt non refutabis.

LII **136** Hic tu etiam dicere audebis : « Est in iudicibus ille familiaris meus ; est paternus amicus ille. » Non ut quisque maxime est, quicum tibi aliquid sit, ita te in huiuscemodi crimine maxime eius pudet ? « Paternus amicus est. » Ipse pater si iudicaret, per deos immortalis, quid facere posset ? cum tibi haec diceret : « Tu in prouincia * populi Romani praetor, cum tibi maritumum bellum esset administrandum, Mamertinis ex foedere quam deberent nauem per triennium remisisti ; tibi apud eosdem priuata nauis oneraria maxima publice est aedificata ; tu a ciuitatibus pecunias classis nomine coegisti ; tu pretio remiges dimisisti ; tu, nauis cum esset ab quaestore et ab legato capta, praedonum archipiratam, ab oculis omnium remouisti ; tu qui ciues Romani esse dicerentur, qui a multis cognoscerentur, securi ferire potuisti ; tu tuam domum piratas abducere, *tu in iudicium archipiratam domo producere ausus es* ; **137** tu in prouincia tam splendida, tu apud socios fidelissimos, ciues Romanos honestissimos, in metu periculoque prouinciae,

135 Siciliam totam *cet.* : Siciliam *V* || ab iis *V* : ab his *cet* || dicta sunt *cet.* : d. sint *V* || non refutabis *cet.* : refutabis *V*.

136 quisque *RSP* : — quam *cet.* || quicum *cet.* : quocum *V* || cum tibi haec diceret *cet.* : cum d. tibi h. *RS* || tu in *cet.* : tum *RS* || prouincia populi Romani *AKlotz* : p. R. prouincia *PQH* : populi r. *V* prouincia *RS* || *Post* cum tibi *deest V* || tu in —ausus es *om.* *RS*.

milieu des alarmes et des dangers de la province, es resté plusieurs jours de suite vautré en des festins sur le rivage ; c'est toi qu'en ces jours là personne n'a pu trouver chez toi, personne voir sur le Forum ; c'est toi qui as attiré à ces festins les femmes de nos alliés et de nos amis ; c'est toi qui parmi des femmes de ce caractère as placé ton fils, mon petit-fils, encore vêtu de la robe prétexte, pour qu'à cet âge si facile à entraîner et si faible la vie d'un père fournît des exemples de dépravation ; c'est toi préteur dans la province qu'on a vu avec une tunique et un manteau de pourpre (1) ; c'est toi qui par suite d'un amour de débauché as enlevé le commandement des vaisseaux au lieutenant du peuple romain et l'as livré à un Syracusain ; ce sont tes soldats qui, dans la province de Sicile, ont manqué de céréales et de blé ; c'est ta passion du plaisir et ton avidité qui ont laissé prendre et incendier par des corsaires une flotte du peuple romain ; **138** dans ce port dont jamais depuis la fondation de Syracuse un ennemi n'avait approché, c'est sous ta préture que, pour la première fois, des pirates ont navigué ; et ces infamies si nombreuses et si énormes, tu n'as pas voulu les dissimuler, les faire oublier ni les taire, tu es allé jusqu'à arracher sans aucun motif les commandants des navires aux bras de leurs parents, tes hôtes, et à les traîner à la torture et à la mort ; devant la douleur et les larmes des parents, le souvenir de mon nom ne t'a pas adouci ; pour toi le sang des innocents a été plus qu'un plaisir, un bénéfice ! » LIII Si ton père te parlait ainsi, pourrais-tu solliciter son indulgence ? pourrais-tu réclamer son pardon ?

139 J'ai assez fait pour les Siciliens, assez pour remplir mes devoirs d'ami et de protecteur, pour tenir ma promesse et mes engagements. Reste une cause, juges, qui n'est pas une tâche acceptée, mais qui me revient

(1) Voir XIII, 31 et XXXIII, 86 : cet accoutrement, à la grecque, efféminé, passait pour indigne d'un Romain, de même que le costume des esclaves et des pauvres porté par Verrès dans son atelier (*de Signis*, XXIV, 54).

dies continuos conpluris in litore conuiuiisque iacuisti ; te per eos dies nemo tuae domi conuenire, nemo in foro uidere potuit ; tu sociorum atque amicorum ad ea conuiuia matres familias adhibuisti ; tu inter eiusmodi mulieres praetextatum tuum filium, nepotem meum, collocauisti, ut aetati maxime lubricae atque incertae exempla nequitiae parentis uita praeberet ; tu praetor in prouincia cum tunica pallioque purpureo uisus es ; tu propter amorem libidinemque tuam imperium nauium legato populi Romani ademisti, Syracusano tradidisti ; tui milites in prouincia Sicilia frugibus frumentoque caruerunt ; tua luxurie atque auaritia classis populi Romani a praedonibus capta et incensa est ; **138** post Syracusas conditas quem in portum numquam hostis accesserat, in eo te praetore primum piratae nauigauerunt ; neque haec tot et tanta dedecora dissimulatione tua neque obliuione hominum ac taciturnitate tegere uoluisti, sed etiam nauium praefectos sine ulla causa de conplexu parent*i*um suorum, hospitum tuorum, ad mortem cruciatumque rapuisti, neque te in parent*i*um luctu atque lacrimis mei nominis commemoratio mitigauit ; tibi hominum innocentium sanguis non modo uoluptati, sed etiam quaestui fuit. » LIII Haec si tibi tuus parens diceret, posses ab eo ueniam petere, posses ut tibi ignosceret postulare ?

139 Satis est factum Siculis, satis officio ac necessitudini, satis promisso nostro ac recepto. Reliqua es*t* ea causa, iudices, quae iam non recepta, sed in*na*ta, neque

137 dies continuos conpluris *habet* PRISC, *K*. II. 330, 16.
138 nauium —rapuisti *habet* PRISC. K II. 355, 9 || parentium *cet.* : — tum *RS* || in parentium *PQH* PRISC. : in parentum *RS*.
139 reliqua est *PQH* : reliquae si *RS* || innata *PQH* : inta *RS*.

naturellement, qui ne m'a été confiée par personne, mais qui me tient profondément à cœur et que ma conscience m'impose, qui ne concerne pas le salut de nos alliés, mais la vie et la sauvegarde des citoyens romains, c'est-à-dire de chacun de nous. Ici, juges, n'attendez pas de moi une argumentation, comme s'il y avait quelque place au doute ; tous les faits que je citerai seront si clairement évidents que pour les prouver je pourrais invoquer le témoignage de la Sicile tout entière. En effet une folie particulière, compagne du crime et de l'audace, dominait l'âme emportée, la nature cruelle de Verrès et l'égarait si fort qu'il n'hésitait jamais à faire appliquer ouvertement en public, aux citoyens romains les supplices établis pour les esclaves convaincus de forfaits.

140 Combien de victimes il a frappées de verges, pourquoi le rappeler ? Je ne dirai très brièvement, juges, qu'une chose : sous sa préture il n'y eut à cet égard absolument aucune distinction entre les citoyens et les non-citoyens. Aussi était-ce alors par habitude que, même sans un signe de sa part, le licteur portait la main sur la personne des citoyens romains.

Supplice du citoyen romain C. Servilius.

LIV Tu ne peux nier, Verrès, que sur la place publique de Lilybée, en présence d'une très grande foule, C. Servilius, citoyen romain, de la colonie romaine de Palerme, ancien négociant, n'ait été abattu sur le sol, à tes pieds, devant ton tribunal, par des coups de verge ? Ose nier ce premier fait, si tu le peux : personne à Lilybée qui ne l'ait vu ; personne en Sicile qui n'en ait entendu parler. Oui, je le répète, c'est accablé de coups par tes licteurs qu'un citoyen romain est tombé sous tes yeux. **141** Et pour quel motif, dieux immortels ? et pourtant le demander, c'est faire tort à l'intérêt de tous les Romains et aux privilèges du droit de cité : je demande le motif de cette conduite à l'égard de Servilius, comme s'il pouvait y avoir un motif justifiant un tel traitement infligé à un

delata ad me, sed in animo sensuque meo penitus adfixa atque insita est, quae non ad sociorum salutem, sed ad ciuium Romanorum, hoc est ad uniuscuiusque nostrum, uitam et sanguinem pertinet. In qua nolite a me, quasi dubium sit aliquid, argumenta, iudices, exspectare; omnia quae dicam sic erunt inlustria ut ad ea probanda totam Siciliam testem adhibere possim. Furor enim quidam, sceleris et audaciae comes, istius effrenatum animum inportunamque naturam tanta oppressit amentia, ut numquam dubitaret in conuentu palam supplicia quae in conuictos maleficii seruos constituta sunt, ea in ciuis Romanos expromere.

140 Virgis quam multos ciciderit quid ego commemorem ? Tantum breuissime, iudices, dico. Nullum fuit omnino ciuitatis isto praetore in hoc genere discrimen. Itaque iam consuetudine ad corpora ciuium Romanorum etiam sine istius nutu ferebatur manus ipsa lictoris. LIV Num potes hoc negare, Verres, in foro Lilybaei maximo conuentu C. Seruilium ciuem Romanum e conventu Panhormitano, ueterem negotiatorem, ad tribunal ante pedes tuos ad terram uirgis et uerberibus abiectum? Aude hoc primum negare, si potes ; nemo Lilybaei fuit quin uiderit, nemo in Sicilia quin audierit. Plagis confectum dico a lictoribus tuis ciuem Romanum ante oculos tuos concidisse. **141** At quam ob causam, di inmortales ! Tametsi iniuriam facio communi causae et iuri ciuitatis ; quasi enim ulla possit esse causa cur hoc cuiquam ciui Romano iure accidat, ita quaero quae in Seruilio causa

139 in animo —adfixa est *habet* ARVS. *K.* VII 454, 15 || possim *PQH* : —sem *RS*.
140 Panhormitano *PQH* : — norum *RS* || plagis —concidisse *habet* NON. 268, 25 *et* 368, 38.

citoyen romain. Pardonnez-moi, juges, pour ce cas seulement ; de tous les autres faits je ne chercherai guère les causes. Servilius avait tenu des propos un peu plus libres qu'il ne fallait sur la malhonnêteté et la dépravation de Verrès. A peine celui-ci l'a-t-il appris que par un esclave du temple de Vénus il fait assigner Servilius à comparaître à Lilybée (1). Engagement pris, cet homme vient à Lilybée. Alors que personne ne l'actionnait, que personne ne le poursuivait, Verrès commence par le forcer à consigner avec son licteur (2) deux mille sesterces qu'il perdrait s'il ne prouvait pas que Verrès s'enrichissait par des vols. Les arbitres, disait Verrès, seraient choisis parmi les gens de sa suite. Servilius les récuse et supplie qu'on n'aille pas, devant des juges iniques, sans l'accusation d'aucun adversaire, le frapper d'une condamnation infamante. **142** Au moment précis où il s'exprimait de la sorte, six licteurs des plus robustes et des plus exercés à battre et à fouetter l'entourent et le tailladent très vivement à coups de verges ; enfin le premier licteur, dont j'ai déjà parlé souvent, Sextius, de son bâton retourné, se mit à battre les yeux du malheureux avec une extrême violence : celui ci, le visage et les yeux couverts de sang, s'affaisa, pendant que les bourreaux ne laissaient pas de frapper sur les flancs son corps étendu à terre, pour qu'il finît par promettre de consigner la somme stipulée. Ainsi traité, emporté comme mort, il ne tarda pas à mourir. Or notre fidèle serviteur de Vénus, si riche de toute sorte d'attraits et de grâces, fit placer aux frais de sa victime un Cupidon d'argent dans le temple de Vénus. C'est ainsi qu'il allait jusqu'à employer abusivement le bien d'autrui pour acquitter les vœux formés la nuit dans ses débauches.

(1) La personne ainsi assignée prenait l'engagement de comparaître.

(2) Celui-ci représentait Verrès. Suivant cette procédure les deux parties recouraient à un arbitre, en déposant chacune certaine somme (ici 2.000 sesterces = 400 fr.). Le condamné perdait sa mise et était noté d'infamie.

fuerit. Ignoscite in hoc uno, iudices; in ceteris enim non magn*o* opere causas requiram. Locutus erat liberius de istius improbitate atque nequitia. Quod isti simulac renuntiatum est, hominem iubet Lilybaeum uadimonium Venerio seruo promittere. Promittit; Lilybaeum uenitur. Cogere eum coepit, cum ageret *nemo,* nemo postularet, sponsionem II mili*u*m nummum facere cum lictore suo, NI FURTIS QUAESTUM FACERET. Recuper*a*tores se de cohorte sua dicebat daturum. Seruilius et recusare et deprecari *ne,* iniquis iudicibus, nullo aduersario, iudicium capitis in se constitueretur. **142** Haec cum maxime loqueretur, sex lictores circumsistunt ualentissimi et ad pulsandos uerberandosque homines exercitatissimi; caedunt acerrume uirgis. Denique proximus lictor, de quo saepe *i*am dixi, Sext*i*us, conuerso baculo oculos misero tundere uehementissime coepit. Itaque ille cum sanguis os oculosque complesset, concidit, cum illi nihilo minus iacenti latera tunderent, ut aliquando spondere se diceret. Sic ille affectus ill*i*m tum pro mortuo sublatus perbreui postea est mortuus. Iste autem homo Venerius, adfluens omni lepore ac uenustate, de bonis illius in aede Veneris argenteum Cupidinem posuit. Sic etiam fortunis hominum abutebatur ad nocturna uota cupiditatum suarum.

141 magno opere *Q* : mugnopere *cet.* || nemo *add. Navigero* || sponsionem II milium *Zumpt* : sp. militum *RS* HS duobus sponsionem *PQH* || quaestum faceret *clausula inusitata* || recuperatores se *Zumpt* : sed ego *(cum notis transponendi)* recuperatores *PQH* recuperor esse *RS* || ne iniquis *PQH* : de in —*RS.*

142 lictores —exercitatissimi *habet* NON. 372, 20 || denique proximus lictor Sextius, de quo —coepit *habet* NON. 78, 13 || saepe iam *P* NON. : tam saepe *RS* iam *QH* || Sextius *cet.* NON. : Sextus *RS* || illim *PQH* : illum *RS* || ad nocturna *PQH* : ac n — *RS.*

Citoyens romains dans les Latomies.

LV **143** Pourquoi parlerais-je de tous les autres supplices de citoyens romains en détail plutôt que par catégories et en bloc? Cette prison, établie à Syracuse par le très cruel tyran Denys (1) et appelée Latomies (2), fut, sous la domination de Verrès, la demeure de citoyens romains. Quelqu'un avait-il choqué son esprit ou ses yeux, c'est dans les Latomies qu'aussitôt il était jeté. Révoltant, je le vois, paraît à vous tous, juges, ce procédé, et dès la première partie du procès j'ai compris vos sentiments, quand les témoins révélaient ces faits. Maintenir en effet les droits de la liberté est à vos yeux un devoir non pas seulement à Rome où il y a les tribuns de la plèbe, tous les autres magistrats, un Forum plein de tribunaux, l'autorité du Sénat, l'opinion publique et la foule du peuple romain, mais, dans tous les pays et chez tous les peuples où une atteinte a été portée au droit des citoyens romains, vous posez en principe que cette violation intéresse la cause commune de la liberté et de l'honneur. **144** Dans des prisons destinées aux malfaiteurs et aux criminels étrangers, aux corsaires et aux ennemis, as-tu bien osé enfermer un si grand nombre de citoyens romains? Ne t'es-tu rappelé jamais le tribunal, jamais l'assemblée du peuple, jamais cette foule si considérable qui te regarde à présent avec les dispositions les plus malveillantes et les plus hostiles (3) ? Jamais l'honneur du peuple romain loin de toi, jamais l'image même de cette multitude ne s'est-elle présentée à tes yeux et à ta pensée? N'as-tu compté jamais que tu reparaîtrais à leur vue, jamais que tu viendrais sur le Forum du peuple romain, jamais que tu tomberais sous la puissance suprême des lois et des tribunaux?

LVI **145** Quelle était cette passion d'exercer sa cruauté?

(1) Denys l'ancien (406-367).
(2) Voir ch. XXVII.
(3) C'est ce qui s'était passé pendant l'*actio prima*.

LV **143** Nam quid ego de ceteris ciuium Romanorum suppliciis singillatim potius quam generatim atque uniuerse loquar ? Carcer ille qui est a crudelissimo tyranno Dionysio factus Syracusis, quae Lautumiae uocantur, in istius imperio domicilium ciuium Romanorum fuit. Vt quisque istius animum aut oculos offenderat, in Lautumias statim coiciebatur. Indignum [enim] hoc uideo uideri omnibus, iudices, et id iam priore actione, cum haec testes dicerent, intellexi. Retineri enim putatis oportere iura libertatis non modo hic, ubi tribuni plebis sunt, ubi ceteri magistratus, ubi forum plenum iudiciorum, ubi senatus auctoritas, ubi existimatio populi Romani et frequentia, sed ubicumque terrarum et gentium uiolatum ius ciuium Romanorum sit, statu*i*tis id pertinere ad communem causam libertatis et dignitatis. **144** In externorum hominum maleficorum sceleratorumque, in praedonum hostiumque custodias tu tantum numerum ciuium Romanorum includere ausus es ? Numquamne tibi iudicii, numquam con*t*ionis, numquam huius tantae frequentiae quae nunc te animo iniquissimo infestissimoque intuetur, uenit in mentem ? numquam tibi populi Romani absentis dignitas, numquam species ipsa huiusce multitudinis in oculis animoque uersata est? numquam te in horum conspectum rediturum, numquam in forum populi Romani uenturum, numquam sub legum et iudiciorum potestatem casurum esse duxisti ?

LVI **145** At quae erat ista libido crudelita*t*is exercen-

143 Indignum *PQH* : i. enim *RS* || statuitis *Nauigero* : statuistis *PQH* statis *uel* sciatis *RS*.
144 contionis *PQH* : contentionis *RS*.
145 crudelitatis *PQH* : —tas *RS*

le motif d'entreprendre tant de crimes? Pas d'autre, juges, qu'un système nouveau et particulier de rapine. Comme les monstres, dont lespoètes nous ont parlé (1), s'étaient établis devant les golfes ou avaient occupé quelques promontoires et des rochers escarpés pour tuer les navigateurs qui y auraient accosté, de même Verrès, prêt à l'attaque, épiait de toutes les parties de la Sicile dans la direction de toutes les mers. Tout navire venu d'Asie, de Syrie, de Tyr, d'Alexandrie, était saisi aussitôt par des espions et des surveillants de rôle déterminé. Tout l'équipage était jeté dans les Latomies, les cargaisons et les marchandises étaient portées dans la demeure du préteur.

Il y avait en Sicile, après un long intervalle, non un second Denys ou un Phalaris (car cette île a produit jadis des tyrans nombreux et cruels), mais un type nouveau de cette ancienne sauvagerie qui, dit-on, eut son siège en ces mêmes lieux. **146** Non, en conscience, Charybde et Scylla (2) ne furent pas aussi funestes aux navigateurs que Verrès en ce même détroit. Verrès même fut plus funeste, en ce qu'il s'était entouré de chiens beaucoup plus nombreux et plus sauvages. C'était un second Cyclope, beaucoup plus féroce, car il dominait sur l'île tout entière ; l'autre, dit-on, n'occupait que l'Etna < et les environs >.

Or, juges, quel prétexte alléguait-il alors de cette cruauté si sacrilège? Le même qu'on rappellera maintenant dans sa défense. Tous ceux qui s'étaient approchés de la Sicile un peu bien fournis, il déclarait qu'ils étaient des soldats de Sertorius et fuyaient de Dianium (3). Ceux-ci, pour détourner le péril, présentaient qui de la pourpre de

(1) Les Lestrygons. Voir Homère, Odyssée X.

(2) Charybde, auj. Calofaro, gouffre et tourbillon redoutable ; Scylla, auj. la Reina, écueil du détroit de Messine, sur la côte d'Italie, siège, suivant la légende antique, d'un monstre à six têtes aboyant furieusement.

(3) Ville espagnole où Sertorius avait accueilli les pirates. Voir ch. XXVIII pour le même prétexte allégué par Verrès.

dae ? quae tot scelerum suscipiendorum causa ? Nulla, iudices, praeter praedandi nouam singularemque rationem. Nam ut illi, quos a poetis accepimus, qui *sinus* quosdam obsedisse maritumos aut aliqua promunturia aut praerupta saxa tenuisse dicuntur, ut eos, qui essent adpulsi nauigiis, interficere possent, sic iste in omnia maria infestus ex omnibus Siciliae partibus inminebat. Quaecumque nauis ex Asia, quae ex Syria, quae Tyro, quae [ex] Alexandria uenerat, statim certis indicibus et custodibus tenebatur. Vectores omnes in lautumias coiciebantur, onera atque merces in praetoriam domum deferebantur. Versabatur in Sicilia longo interuallo alter non Dionysius ille nec Phalaris (tulit enim illa quondam insula multos et crudelis tyrannos), sed quoddam nouum monstrum ex uetere illa inmanitate quae in isdem locis uersata esse dicitur. **146** Non enim Charybdim tam infestam neque Scyllam nautis quam istum *in* eodem freto fuisse arbitror ; hoc etiam iste infestior quod multo se pluribus et inmanioribus canibus succinxerat. Cyclops alter multo importunior ; hic enim totam insulam obsidebat ; ille Aetnam solam [eam Siciliae partem] tenuisse dicitur. At quae causa tum subiciebatur ab ipso, iudices, huius tam nefariae crudelitatis ? Eadem quae nunc in defensione commemorabitur. Quicumque accesserant ad Siciliam paulo pleniores, eos Sertorianos milites esse atque a *D*ianio fugere dicebat. Illi ad deprecandum

145 sinus *PQH* : sensus *RS* || Alexandria *PQH* : ex A. *RS* || Versabatur —arbitror (§ 146) *habet* QVINT. *Inst. Or.* 8, 6, 72 || alter *codd.* : aut QVINT. || locis uersata esse *codd.* : uersata locis QVINT.

146 nautis *codd.* : nauibus QVINT. || in eodem *PQH* : eodem *RS* || eam Siciiae partem *seclus i auct. Em. Thomas* || a Dianio *PQH* : adlanio *RS.*

Tyr, qui de l'encens, des parfums, des étoffes de lin, qui des pierres précieuses et des perles, quelques-uns des vins de Grèce et des esclaves asiatiques à vendre, pour faire comprendre, par les marchandises, d'où ils arrivaient par mer. Ils n'avaient pas prévu que des causes de danger naîtraient des preuves mêmes qu'ils croyaient susceptibles de les sauver. Car Verrès déclarait qu'ils avaient acquis ces richesses en s'associant aux pirates ; il commandait de conduire ces marchands dans les Latomies ; il veillait à ce que leurs navires et leurs cargaisons fussent soigneusement confisqués.

Exécutions de citoyens romains.

LVII 147 Quand ces pratiques avaient rempli la prison de marchands, alors se passaient les faits que vous avez entendu L. Suettius, chevalier romain, un homme des plus distingués, exposer devant vous et que vous entendrez rapporter par tous les autres témoins. On étranglait en prison les détenus, traitement très indigne de citoyens romains, et même ce cri, cette invocation : « je suis citoyen romain », qui souvent dans les terres les plus éloignées, parmi des barbares, porta secours à bien des gens et assura leur salut, attirait alors sur ces victimes une mort plus cruelle et un supplice plus prompt.

Hé bien ! Verrès, que penses-tu répondre à cette accusation? Diras-tu que je mens ? que j'invente quelque histoire ? que j'exagère ? Oses-tu souffler à tes défenseurs quelqu'un de ces moyens de défense ? Tire-moi, je te prie (greffier), des replis de sa toge les registres des Syracusains qu'il croit avoir été rédigés suivant son gré ; montre le registre d'écrou de la prison qui est très exactement tenu, où est marqué le jour d'entrée de chaque prisonnier, le jour de sa mort, le jour de son exécution. REGISTRES DES SYRACUSAINS. 148 Vous voyez que ce sont des citoyens romains qui en troupeau ont été jetés dans les Latomies, vous voyez entassée dans le lieu le plus infâme une multitude de vos concitoyens. Cherchez maintenant les traces visibles de leur sortie de ce lieu. Aucune. Ont-ils tous péri

periculum proferebant alii purpuram Tyriam, tus alii atque odores uestemque [in] lintea*m*, gemmas alii et margaritas, uina nonnulli Graeca uenalisque Asiaticos, ut intellegeretur ex merc*i*bus quibus ex locis nauigarent. Non prouiderant eas ipsas sibi causas esse periculi, quibus argumentis se ad salutem uti arbitrabantur. Iste enim haec eos ex piratarum societate adeptos esse dicebat, ipsos in lautumias abduci imperabat, nauis eorum atque onera diligenter adseruanda curabat.

LVII **147** His institutis cum completus iam mercatorum carcer esset, tum illa fiebant quae L. Suettium equitem Romanum, lectissimum uirum, dicere audistis, et quae ceteros audietis. Ceruices in carcere frangebantur indignissime ciuium Romanorum, ut iam illa uox et inploratio « ciuis Romanus sum », quae saepe multis in ultimis terris opem inter barbaros et salutem tulit, ea mortem ill*i*s acerbiorem et supplicium maturius ferret.

Quid est, Verres ? quid ad haec cogitas respondere ? Num mentiri me, num fingere aliquid, num augere crimen ? Numquid horum dicere istis defensoribus tuis audes ? Cedo mihi, quaeso, ex ipsius sinu litteras Syracusanorum, quas is*t*e *ad* arbitrium suum confectas esse arbitratur ; cedo rationem carceris qua diligentissime conficitur, quo quisque die datus in custodiam, quo mortuus, quo necatus sit. LITTERAE SYRACUSANORUM. **148** Videtis ciues Romanos gregatim coniectos in Lautumias, uidetis indignissimo in loco coaceruatam multitudinem uestrorum ciuium. Quaerite nunc nestigia quibus exitus eorum ex illo loco conpareant. Nulla sunt.

146 linteam *PQH* : in lintea *RS* || mercibus *PQH* : mercedibus *RS*.
147 illis *PQH* : illius *RS* || quas iste ad *PQH* : quasise *RS*.

de mort naturelle ? S'il pouvait le soutenir, on n'ajouterait pas foi à cette justification. Mais il y a dans les mêmes registres un mot grec, que cet homme illettré et léger n'a jamais pu ni remarquer ni comprendre : justice a été faite (ἐδικαιώθησαν) ; c'est-à-dire en langage sicilien : ils ont été frappés du supplice et exécutés (1).

LVIII **149** Si un roi quelconque, si quelque cité étrangère, si quelque peuple eût commis un forfait de ce genre à l'égard de citoyens romains, ne le châtierions-nous pas au nom de l'État? Ne lui ferions-nous pas la guerre ? Pourrions-nous laisser sans punition et sans vengeance cet outrage et cet affront faits au nom romain? Combien de guerres, et de quelle importance, croyez-vous franchement que nos ancêtres ont entreprises, sous prétexte que, disait-on, des citoyens romains avaient subi des passe-droits, que des trafiquants sur mer avaient été détenus, des marchands dépouillés ? Or maintenant je ne me plains pas de la détention des victimes ; je tiens pour supportable qu'ils aient été dépouillés, mais qu'une fois vaisseaux, esclaves, marchandises confisqués, des marchands aient été jetés en prison, et qu'en prison des citoyens romains aient été assassinés, voilà mon accusation.

150 Si c'était devant des Scythes, et non pas ici devant une si grande foule de citoyens romains, non pas devant l'élite des sénateurs de l'État, non pas sur le Forum du peuple romain que j'exposais ces supplices si nombreux et si cruels de citoyens romains, cependant je toucherais même des âmes de barbares. En effet l'étendue de cet empire est si grande, l'honneur du nom romain impose tant à tous les peuples que cette cruauté envers nos concitoyens ne paraît permise à personne. Puis-je croire à présent que tu aies quelque moyen de salut, quelque recours, quand je te vois enlacé par la sévérité des juges, enveloppé comme d'un filet par l'affluence du peuple romain ? **151** Si par Hercule ! — ce que je comprends impossible — tu te

(1) Ce fut un euphémisme analogue : *ils ont vécu !* que Cicéron employa pour annoncer la mort des complices de Catilina (Voir Plutarque, *Vie de Cicéron*, ch. XXII).

Omnesne mortui ? Si ita posset defendere, tamen fides huic defensioni non haberetur. Sed scriptum exstat in isdem litteris quod iste homo barbarus ac dissolutus neque attendere umquam neque intellegere potuit ; ἐδικαιώθησαν, inquit, hoc est, ut Siculi locuntur, supplicio adfecti ac necati sunt.

LVIII **149** Siqui rex, siqua ciuitas exterarum gentium, siqua natio fecisset aliquid in ciuis Romanos eiusmodi, nonne publice uindicaremus, nonne bello persequeremur ? possemus hanc iniuriam ignominiamque nominis Romani inu*l*tam inpunitamque dimittere ? Quot bella maiores nostros et quanta suscepisse arbitramini, quod ciues Romani iniuria adfecti, quod nauicularii retenti, quod mercatores spoliati dicerentur ? At ego iam retentos non queror ; spoliatos ferendum puto ; nauibus, ma*ncipii*s, mercibus ademptis, in uincla mercatores esse coniectos et in uinclis ciues Romanos necatos esse arguo. **150** Si haec apud Scythas dicerem, non hic in tanta multitudine ciuium Romanorum, non apud senatores lectissimos ciuitatis, non in foro populi Romani de tot et tam acerbis suppliciis ciuium Romanorum, tamen animos etiam barbarorum hominum permouerem. Tanta enim huius imperi amplitudo, tanta nominis Romani dignitas est apud omnes nationes ut ista in nostros homines crudelitas nemini concessa esse uideatur. Nunc tibi ego ullam salutem, ullum perfugium putem, cum te inplicatum seueritate iudicum, circumretitum frequentia populi Romani esse uideam ? **151** Si mehercule, id quod fieri non posse intellego, ex his

149 inultam *PQH* : inuitam *RS* || mancipiis *PQH* : magnis *RS*.

dégages de ces lacs, si tu trouves quelque biais et quelque moyen pour échapper, c'est dans des réseaux plus grands que tu dois tomber, et c'est encore moi qui d'une tribune plus élevée dois nécessairement t'abattre et t'achever.

Même si je voulais lui accorder ce qu'il prétend, cependant cette prétention fragile ne serait pas pour lui moins ruineuse que ne doit l'être mon accusation justifiée.

Que prétend-il en effet ? Que ce sont des fuyards d'Espagne qu'il a saisis et livrés au supplice. Qui t'en a donné pouvoir? De quel droit l'as-tu fait? D'après quel précédent? Comment t'a-t-il été permis de le faire ? **152** Nous voyons le Forum et les basiliques pleins de ces fugitifs et nous le voyons volontiers. Heureuse est la fin des discordes civiles, effet de l'égarement, du destin ou du malheur, quand on peut du moins conserver sains et saufs les citoyens réchappés. Verrès naguère traitre à son consul, transfuge de la questure, voleur des fonds publics (1), s'est acquis dans l'État assez de pouvoir pour présenter une mort douloureuse et cruelle, si la fortune les faisait aborder sur quelque côte de Sicile, à ces hommes que le Sénat, le peuple romain, tous les magistrats ont autorisés à fréquenter le forum, à jouir du droit de vote et de leurs droits civiques et politiques. **153** Après la mort de Perpenna (2), beaucoup d'entre les soldats de Sertorius se sont enfuis auprès de Pompée, ce héros très illustre et cet homme de très grand cœur. Ne mit-il pas le plus grand zèle à les garder tous sains et saufs ? A quel citoyen suppliant cette main toujours victorieuse ne tendit-elle pas sa protection et ne montra-t-elle pas l'espoir du salut? Est-ce bien ainsi ? A ces hommes qui trouvèrent un refuge près de celui qu'ils

(1) En 86 Verrès avait trahi, en passant du côté de Sylla, le consul Cn. Carbon, qui soutenait le parti de Marius. Comme questeur, Verrès avait en main l'argent destiné à l'armée ; il l'emporta chez l'adversaire et en garda pour lui la plus grosse part. Voir t. II, *de praet. urb.*, XII, 34-XVII, 44.

(2) Le chef qui remplaça Sertorius assassiné par lui et fut mis à mort par Pompée en 72.

te laqueis exueris ac te aliqua uia ac ratione explicaris, in illas tibi maiores plagas incidendum est, in quibus te ab eodem me superiore ex loco confici et concidi necesse est.

Cui si etiam id quod defendit uelim concedere, tamen ipsa illa falsa defensio non minus esse *ei* perniciosa quam mea uera accusatio debeat. Quid enim defendit ? ex Hispania fugientes se excepisse et supplici*o* adfecisse dicit. Quis tibi id permisit ? quo iure fecisti ? quis idem fecit ? qui tibi id facere licuit ? **152** Forum plenum et basilicas istorum hominum uidemus, *et animo aequo uidemus*. Ciui*l*is enim dissensionis et si*ue* amentiae siue fati seu calamitatis non est iste molestus exitus, in quo reliquos *sal*t*em* ciuis incolumis licet conseruare. Verres ille, uetus proditor consulis, translator quaesturae, auersor pecuniae publicae, tantum sibi auctoritatis in re publica suscepit, ut quibus hominibus per senatum, per populum Romanum, per omnes magistratus, in foro, in suffragiis, in hac urbe, in re publica uersari liceret, his *omn*ibus mortem acerbam crudelemque proponeret, si fortuna eos ad aliquam partem Sicillae detulisset. **153** Ad Cn. Pompeium, clarissimum uirum et fortissimum, permulti, occiso Perperna, ex illo Sertoriano numero militum confugerunt. Quem non ille summo cum studio saluum incolumemque seruauit ? cui ciui supplici non illa dextera inuicta fidem porrexit et spem salutis ostendit ? Itane uero ? quibus fuit portus apud eum quem contra arma tulerant, his apud te cuius

151 esse ei *PQH* : esse et *RS* || supplicio *PQH* : —um *RS*.
152 et animo aequo uidemus *om. RS* || ciuilis *PQH* : ciuitatis *RS* || et siue *PQH* : etsi *RS* || reliquos saltem *PH* : s. r. *Q*. reliquosalutem *RS* || omnibus *codd. rec.* : hominibus *nostri*.

avaient combattu, toi, qui n'as jamais eu souci de l'intérêt public, tu as préparé la torture et la mort.

LIX Vois quelle habile défense tu as imaginée. Par Hercule ! j'aime mieux voir les juges et le peuple romain approuver ton système de défense plutôt que mes accusations ; j'aime mieux, dis-je, que tu passes pour l'ennemi et le persécuteur de cette catégorie d'hommes plutôt que de marchands et de trafiquants sur mer. Par mon accusation tu es convaincu d'excessive avidité ; par ton système de défense, de folie, de sauvagerie et de cruauté inouïe et presque d'une nouvelle proscription.

154 Mais il ne m'est pas permis, juges, d'user de cet avantage si grand ; non cela, ne m'est pas permis. Voici Pouzzoles tout entière (1) ; en masse sont venus à ce procès des négociants, des hommes riches et honorables déclarant qu'une partie de leurs associés, une partie de leurs affranchis, une partie des affranchis d'affranchis ont été dépouillés, jetés dans les fers, un certain nombre assassinés en prison, d'autres frappés de la hache. Note ici comme je vais être équitable envers toi. Quand j'aurai présenté le témoin P. Granius (2), pour qu'il dise que tu as frappé de la hache ses affranchis, pour te réclamer son vaisseau et ses marchandises, réfute-le si tu peux ; j'abandonnerai mon témoin, je te favoriserai ; je t'aiderai, te dis-je. Montre que ces hommes ont été avec Sertorius, que c'est en fuyant de Dianium qu'ils ont été poussés vers la Sicile. Prouve-le, c'est ce que je souhaite par-dessus tout ; car il est impossible de découvrir et de citer aucun attentat qui mérite un plus grand supplice. **155** Je ferai reparaître le chevalier romain Flavius, si tu veux ; car, dans la première partie du procès, une sagesse d'un genre nouveau, répètent tes défenseurs, ou, comme tous le comprennent, le sentiment de tes crimes et la sûreté de mes témoins t'ont empêché d'interroger aucun témoin.

(1) Les vaisseaux de Pouzzoles (Campanie, golfe de Naples), au retour de l'Orient, faisaient escale en Sicile.

(2) P. Granius et L. Flavius étaient des négociants de Pouzzoles.

nullum in re publica momentum umquam fuit, mors et cruciatus erat constitutus ? LIX Vide quam commodam defensionem excogitaris ! Malo mehercule id quod tu defendis his iudicibus populoque Romano quam id quod ego insimulo probari ; malo, inquam, te isti generi hominum quam mercatoribus et nauiculariis inimicum atque infestum putari. Meum enim crimen auaritiae te nimiae coarguit, tua defensio furoris cuiusdam et immanitatis et inauditae crudelitatis et paene nouae proscriptionis. **154** Sed non licet me isto tanto bono, iudices, uti, non licet. Adsunt enim Puteoli toti ; frequentissimi uenerunt ad hoc iudicium mercatores, homines locupletes atque honesti, qui partim socios suos, partim libertos, partim conlibertos spoliatos in uincla coniectos, *partim in uinclis necatos*, partim securi percussos esse dicunt. Hic uide quam me *sis u*surus aequo. Cum ego P. Granium testem produxero, qui suos libertos abs te securi percussos esse dicat, qui abs te nauem suam mercesque repetat, refellito, si poteris ; meum testem deseram, tibi fauebo, te, inquam, adiuuabo ; ostendito illos cum Sertorio fuisse, ab Dianio fugientis ad Siciliam esse delatos. Nihil est quod te mallem probare ; nullum enim facinus, quod maiore supplicio dignum sit, reperiri neque proferri potest. **155** Redducam iterum equitem Romanum L. Flauium, si uoles, quoniam priore actione, ut patroni tui dictitant, noua quadam sapientia, ut omnes intellegunt, conscientia tua atque auctoritate meorum testium, testem nullum interrogasti. Interro-

153 momentum *codd. rec.* : momumentum *nostri* || defendis *PQH* : —des *RS* || putari *PQH* : —rem *RS* || te nimiae *PQH* : tnimte *RS*.

154 partim in uiniclis necatos *om. RS* || me sis usurus *PQH* : nesurus *RS*.

Demande à Flavius, si tu veux, quel personnage était cet Hérennius qui, dit-il, fut banquier à Leptis (1) : plus de cent citoyens romains de la colonie romaine de Syracuse le reconnaissaient et même prenaient sa défense en pleurant, en te suppliant ; pourtant, sous les yeux de tous les Syracusains, il fut frappé de la hache. Réponds aussi à ce témoin, je le désire. Démontre et prouve, je le désire, que cet Hérennius a été soldat de Sertorius.

LX 156 Que dirons-nous de la multitude de ceux qui, tête voilée, étaient tirés de prison, à l'égal de pirates captifs, pour être frappés de la hache ? (2) Quelle est cette nouvelle précaution ? Pourquoi l'as-tu imaginée? Étais-tu troublé par le cri d'indignation qu'avait arraché à L. Flavius et à tous les autres le traitement d'Hérénnius? L'important témoignage de M. Annius (3), cet homme très considérable et très digne de respect, t'avait-il rendu un peu plus prudent et craintif ? Naguère en déposant il a déclaré que ce n'était pas je ne sais quel étranger domicilié ou de passage, mais un citoyen romain connu de tous dans la colonie romaine de Syracuse et né à Syracuse, qui avait été frappé par toi de la hache. 157 Depuis cet éclat d'indignation,depuis ce cri public et cette plainte, Verrès fut un persécuteur non pas plus doux, mais plus prudent. Il se mit à tirer de prison les citoyens romains, tête voilée, pour les assassiner. Il les faisait pourtant périr en public, parce que les membres de la colonie romaine, je l'ai dit déjà (4), tenaient un compte trop exact des corsaires.

Tel est donc le sort qui a été fait au peuple romain sous ta préture ? Tel est l'espoir permis aux négociants ? Tel est le danger que courent leurs personnes et leurs vies ? Les marchands ne sont-ils donc pas obligés par nécessité d'affronter assez de périls de la fortune pour que nos magis-

(1) Dans l'une des deux villes de ce nom, au N. de l'Afrique.
(2) Voir plus haut, ch. XXVIII, 72.
(3) Chevalier romain établi à Syracuse. Voir *de praet. urb.*, V, 14.
(3) Voir plus haut, ch. XXVIII, 71.

getur Flavius, si uoles, quinam fuerit T. Herennius, is quem ille argentari*am* *Lepti* fecisse dicit. Qui cum amplius centum ciuis Romanos haberet ex conuentu Syracusano qui eum non solum cognoscerent, sed etiam lacrimantes ac te inplorantes defenderent, tamen inspectantibus omnibus Syracus*an*is securi percussus est. Hunc quoque testem meum refelli et illum Herennium Sertorianum fuisse abs te demonstrari et probari uolo

LX **156** Quid de illa multitudine dicemus eorum qui capitibus inuolutis in piratarum captiuorum numero producebantur, ut securi ferirentur ? Quae ista noua diligentia, quam ob causam abs te excogitata ? An te L. Flaui ceterorumque de T. Herennio uociferatio commouebat ? an M. Anni, grauissimi atque honestissimi uiri, summa auctoritas paulo diligentiorem timidioremque fecerat ? qui nuper pro testimonio non aduenam nescio quem nec alienum, sed eum ciuem Romanum qui *omni*bus in illo conuentu notus, qui Syracus*i*s natus esset, abs te securi percussum esse dixit. **157** Post hanc illorum uociferationem, post hanc communem famam atque querimoniam, non mitior in supplicio, sed diligentior esse coepit ; capitibus inuolutis ciuis Romanos ad necem producere instituit ; quos tamen idcirco necabat palam, quod homines in conuentu, id quod antea dixi, nimium diligenter praedonum numerum requirebant. Haecine plebi Romanae te praetore est constituta condicio, haec negotii gerendi spes, hoc capitis uitaeque discrimen ? Parumne multa mercatoribus sunt necessario pericula subeunda fortunae, nisi etiam hae for-

155 argentariam Lepti *PQH* : argentari malefici *RS* || Syracusanis *PQH* : —cusis *RS*.
156 qui omnibus *PQH* : quibus *RS* || Syracusis *PQH* : —sas *RS*.

trats dans nos provinces fassent encore peser sur eux ces craintes ? Fallait-il que cette province voisine de Rome, fidèle, remplie de nos alliés les meilleurs et de nos concitoyens les plus honorables, qui a toujours fait dans ses localités l'accueil le plus bienveillant à tous les citoyens romains, exposât ceux qui arrivaient par mer du fond de la Syrie et de l'Égypte, ceux à qui le prestige de la toge avait valu quelques égards des barbares, ceux qui avaient échappé aux embûches des corsaires et aux assauts des tempêtes, à être frappés de la hach en Sicile, au moment où dès lors ils se croyaient fermement rentrés chez eux ?

Histoire de Gavius.

LXI 158 En vérité, juges, que vous dirai-je de P. Gavius, de la ville municipale de Compsa ? Ma voix sera-t-elle assez forte, mes paroles auront-elles assez de poids, mon âme assez de douleur pathétique ? Et cependant ce n'est pas la douleur qui me manque ; c'est bien plutôt à mettre en parlant mon ton et mes expressions à la hauteur du sujet, à la hauteur de ma douleur que je dois m'efforcer. Ce chef d'accusation est d'une telle gravité que, la première fois qu'on me le fit connaître, je ne croyais pas avoir à m'en servir. Je comprenais bien qu'il était très vrai, je ne pensais pourtant pas en conscience qu'il fût vraisemblable. Forcé par les larmes de tous les citoyens romains qui font le commerce en Sicile, entraîné par les témoignages des Valentiens, hommes très honorables, de tous les habitants de Rhégium et de beaucoup de chevaliers romains qui d'aventure étaient alors à Messine, je me suis borné à produire, dans la première partie du procès, assez de témoins pour que le fait ne pût être douteux pour personne.

159 Que faire à présent? Parlant maintenant depuis tant d'heures sur une catégorie particulière de faits et sur la cruauté sacrilège de Verrès, ayant épuisé pour d'autres chefs d'accusation presque toute la vigueur des expressions propres à qualifier son crime, sans avoir veillé à retenir votre attention par la variété de mes griefs, comment parler d'un si grand objet ? il n'y a, je crois,

midines ab nostris magistratibus atque in nostris prouinciis impendebunt ? ad eamne rem fuit haec suburbana ac fidelis *prouincia*, plena optimorum sociorum honestissimorumque ciuium, quae ciuis Romanos omnis suis ipsa sedibus libentissime semper accepit, ut qui usque ex ultima Syr*ia* atque Aegypto nauigarent, qui apud barbaros propter togae nomen in honore aliquo fuissent, qui ex praedonum insidiis, qui ex tempestatum periculis profugissent, in Sicilia securi ferirentur, cum se iam domum uenisse arbitrarentur ?

LXI **158** Nam quid ego de P. Gauio, Consano municipe, dicam, iudices, aut qua ui uocis, qua grauitate uerborum, quo dolore animi [dicam] ? Tametsi dolor me non deficit; ut cetera mihi in dicendo digna re, digna dolore meo suppetant, magis laborandum est. Quod crimen eiusmodi est ut, cum primum ad me delatum est, usurum me illo non putarem. Tametsi enim uerissimum esse intellegebam, tamen credibile fore non arbitrabar. Coactus lacrumis omnium ciuium Romanorum qui in Sicilia negotiantur, adductus Valentinorum hominum honestissimorum omniumque Reginorum testimoniis multorumque equitum Romanorum qui casu tum Messanae fuerunt, ded*i* tantum priore actione testium, res ut nemini dubia esse possit. **159** Quid nunc agam ? cum iam tot horas de uno genere ac de istius nefaria crudelitate dicam, cum prope omnem uim uerborum eiusmodi quae scelere istius digna sint, aliis in rebus consumpserim, neque hoc prouiderim ut uarietate criminum uos attentos tenerem, quemadmodum de tanta re dicam ? Opinor,

157 prouincia *PQH* : Sicilia *RS* || Syria *PQH* : Syrta *RS*.
158 dicam *secl. clausulae causa* || dedi *PQH* : dedita *RS*.
159 de tanta re dicam *clausula inusitata*.

qu'une méthode et un système : j'exposerai le fait. Il a par lui-même tant d'importance qu'il n'a besoin ni de mon éloquence qui est nulle, ni de celle d'aucun autre pour échauffer votre ardeur.

160 Ce Gavius de Compsa (1), dont je parle, ayant été jeté en prison par Verrès avec nombre d'autres citoyens romains, s'étant évadé en secret, je ne sais comment, des Latomies et étant venu à Messine, en homme qui apercevait alors de si près l'Italie et les remparts des habitants de Rhégium, citoyens romains, au sortir des ténèbres et de la crainte de la mort, ranimé et comme ressuscité à la lumière de la liberté et dans l'atmosphère des lois, se mit à parler dans Messine et à se plaindre, disant que lui, citoyen romain, avait été mis aux fers, qu'il allait droit à Rome, que Verrès l'y trouverait à son arrivée debout devant lui.

LXII Il ne comprenait pas, le malheureux, qu'il n'y avait pas de différence entre tenir ces propos dans Messine ou les faire entendre dans le palais du préteur. Car, comme je vous l'ai montré auparavant, celui-ci s'était choisi cette ville pour en faire l'auxiliaire de ses crimes, la recéleuse de ses vols, la complice de tous ses scandales (2). Aussi est-ce devant le magistrat de Messine qu'aussitôt est conduit Gavius, et, ce même jour, par hasard, c'est à Messine que Verrès arrive. L'affaire est portée devant lui : il y a un citoyen romain se plaignant d'avoir été enfermé à Syracuse dans les Latomies ; au moment où il s'embarquait et proférait les plus horribles menaces contre Verrès, le magistrat (3) l'avait ramené à terre et gardé pour que le préteur lui-même décidât à son sujet ce qui lui semblerait bon.

161 Verrès remercie les Mamertins et fait grand éloge à la fois de leur bienveillance et de leur zèle envers lui.

(1) Dans le Samnium.

(2) Voir ch. XXIII, 59 et *de Signis*, VIII, 17.

(3) C'est le proagore qui rend compte lui-même de la scène, où il a été l'acteur principal *(ab se)*.

unus modus atque una ratio est ; rem in medio ponam. Quae tantum habet ipsa grauitatis, ut neque mea, quae nulla est, neque cuiusquam ad inflammandos uestros animos eloquentia requiratur.

160 Gauius hic quem dico *Con*sanus, cum in illo numero ciuium Romanorum ab isto in uincla coniectus esset et nescio qua ratione clam e Lautumiis profugisset Messanamque uenisset, qui tam prope iam Italiam et moenia Reginorum, ciuium Romanorum, uideret, et ex illo metu mortis ac tenebris quasi luce libertatis et odore aliquo legum recreatus re*ui*xisset, loqui Messanae et queri coepit se ciuem Romanum in uincla coniectum, sibi recta iter esse Romam, Verri se praesto aduenienti futurum. LXII Non intellegebat miser nihil interesse utrum haec Messanae an apud istum in praetorio loqueretur. Nam, ut antea uos docui, hanc sibi iste urbem delegerat, quam haberet adiutricem scelerum, fu*r*torum receptricem, flagitiorum omnium consciam. Itaque ad magistratum Mamertinum statim deducitur G*a*uius, eoque ipso die casu *ad* Messanam Verres uenit. Res ad eum defertur, esse ciuem Romanum qui se Syracusis in Lautum*iis* fuisse quereretur ; quem iam ingredientem in nauem et Verri nimis atrociter minitantem a*b* se retractum esse et adseruatum, ut ipse in eum statueret quod uideretur. **161** Agit hominibus gratias et eorum beniuolentiam erga se diligentiamque conlaudat.

160 Consanus *vulg.* : cosanus *PQH* sanus *RS* ‖ luce libertates et odore legum *habet* MART. CAP. *H.* 473, 22 ‖ reuixisset *PQH* : refi —*RS* ‖ coniectum *cet.* : coiectum *R* ‖ praetorio laqueretur *clausula inusitata* ‖ furtorum *PQH* : futurorum *RS* ‖ Gauius *PQH* : grauius *RS* ‖ ad Messanam SERV. *Aen.* 1, 2 ANON. *K.* IV, 511, 29 ‖ CLED. *K.* V, 15, 1 : Messanam *codd.* ‖ Lautumiis *PQH* : — tumisse *RS* ‖ ab se *Halm* : ad se *RS* a se *PQH.*

Allumé par la pensée du crime et fou de colère, lui-même se rend au Forum. Ses yeux étincelaient ; la cruauté lui sortait par tout le visage (1). Tous attendaient jusqu'où il irait enfin et ce qu'il allait faire, quand soudain il ordonne de traîner l'homme devant lui, de le placer nu en plein Forum, de l'attacher et de dénouer les verges. Il criait, le malheureux, qu'il était citoyen romain, du municipe de Compsa, qu'il avait servi sous L. Ræcius, très brillant chevalier romain, négociant à Palerme, qui pouvait apprendre ces faits à Verrès. Alors celui-ci dit avoir eu la preuve qu'il avait été envoyé en Sicile par les chefs des esclaves fugitifs pour espionner : de ce fait, aucune dénonciation, aucune trace, aucun soupçon chez personne ; puis ordre est donné aux six licteurs à la fois de frapper l'homme avec le plus de violence possible.

162 On tailladait à coups de verges un citoyen romain, juges, en plein Forum de Messine et, pendant ce temps, dans la souffrance et sous le claquement des coups, le malheureux ne poussait ni un gémissement ni autre cri que ces mots : « Je suis citoyen romain ». En rappelant sa qualité de citoyen, il croyait fermement qu'il écarterait tous les coups et détournerait Verrès de le crucifier. Il ne réussit pas à éloigner la flagellation violente des verges, mais même lorsqu'il multipliait ses instances et se réclamait de son titre de citoyen, une croix, une croix, dis-je, était préparée pour comble de maux à cet infortuné qui n'avait jamais vu un fléau tel que Verrès (2).

LXIII **163** O doux nom de liberté ! Privilèges mer-

(1) Au chapitre XLI, 106, même air, même attitude. — Cette description est un exemple saisissant de cette figure de pensée que les rhéteurs nommaient hypotypose et qui consiste à peindre les choses et les personnes avec tant de force expressive et de vivacité qu'on croit presque les voir : *proposita quaedam forma rerum ita expressa verbis ut cerni potius videatur quam audiri*, dit Quintilien, *Inst.-orator*, IX, 240 et il cite à l'appui ce passage même du *de suppliciis*.

(2) Quintilien dit encore, XI, 1, 30 : *Quid fortius illo cuius inter ipsa verberum supplicia una vox audiebatur, civis romanus sum ?*

Ipse inflammatus scelere et furore in forum uenit. Ardebant oculi, toto ex ore crudelitas eminebat. Exspectabant omnes quo tandem progressurus aut quidnam acturus esset, cum repente hominem proripi atque in foro medio nudari ac deligari et uirgas expediri iubet. Clamabat ille miser se ciuem esse Romanum, municipem Consanum, meruisse cum L. R*a*ecio, splendidissimo equite Romano, qui Panhormi negotiaretur, ex quo haec Verres scire posset. Tum iste, se comperisse eum speculandi causa in Siciliam a ducibus fugitiuorum esse missum ; quoius rei neque index neque uestigium aliquod neque suspicio cuiquam esset ulla ; deinde iubet undique hominem uehementissime uerberari. **162** Caedebatur uirgis in medio foro Messanae ciuis Romanus, iudices, cum interea nullus gemitus, nulla uox alia illius miseri inter dolorem crepitumque plagarum audiebatur nisi haec : « Ciuis Romanus sum ». Hac se commemoratione ciuitatis omnia uerbera depulsurum cruciatumque a corpore deiecturum arbitrabatur. Is non modo hoc non perfecit ut uirgarum uim deprecaretur, sed cum imploraret saepius usurparetque nomen ciuitatis, crux, crux, inquam, infelici et aerumnoso, qui numquam istam pestem uiderat, comparabatur.

LXIII **163** O nomen dulce libertatis ! o ius eximium

161 Ipse —iubet *habet* GELL. 10, 39 || Ipse —eminebat *habet* QVINT. *Inst. Or.* 9, 2, 40 || hominem —iubet *habet* NON, 297, 5 || Raecio *Halm* : recio *RS* precio *PQH*.

162 Caedebatur —arbitrabatur (*om.* iudices *et* alia *et* se) *habet* GELL. 10,3, 12 || Caedebatur —Messanae *habet* QVINT. *Inst. Or.* 11, 3, 90 et NON. 271, 25 || uirgis *om.* QVINT. || crepitum *codd.* : strep —GELL. *et* MART. CAP. *H* 475, 22 || ciuis Romanus sum *habet* QVINT. *Inst. Or.* 9, 4, 102 || *Post* romanus sum *usque ad* ciuitatis non (§ 171), *desunt RS*.

163 O nomen —commonebare *habet* GELL. 10, 3, 13 || O nomen dulce libertatis *habet* MART. CAP. *H*. 475, 23.

veilleux de notre cité ! O loi Porcia (1) ! lois de Sempronius ! O pouvoir tribunitien fortement regretté et enfin rendu à la plèbe romaine (2) ! Toutes ces garanties ont-elles donc abouti à ce qu'un citoyen romain, dans une province du peuple romain, dans une ville d'alliés, fût attaché et tailladé à coups de verges sur le Forum par celui qui tenait des suffrages du peuple romain les haches et les faisceaux ? Eh quoi ! Lorsque les feux, les lamelles de fer rougies et tous les autres instruments de torture étaient appliqués, si l'invocation douloureuse de la victime et sa voix touchante ne te retenaient pas, n'étais-tu pas ému même par les pleurs et les gémissements multipliés des citoyens romains qui lors étaient présents ? As-tu bien osé mettre en croix quelqu'un, bien qu'il se dît citoyen romain ?

Je n'ai pas voulu, juges, relever cette charge avec tant d'indignation dans la première partie du procès ; non, je ne l'ai pas voulu. Vous avez vu en effet comme les esprits de la multitude étaient soulevés contre cet homme par le ressentiment, la haine et la crainte du péril commun. Je modérai alors et mon discours et G. Numitor, chevalier romain, homme de premier rang, mon témoin, et je me réjouis de ce que fit et très sagement Manius Glabrion en coupant la déposition et levant soudain la séance. Il craignait en effet que le peuple romain ne parût avoir châtié d'un élan violent le coupable par crainte de le voir échapper à la rigueur des lois et à votre tribunal. **164** Maintenant, comme tous sont sûrs de la fâcheuse tournure de ta cause et du sort qui t'attend, voici comment je te traiterai. Ce Gavius que tu déclares s'être transformé soudain en espion, je le montrerai jeté par toi dans les Latomies à Syracuse, et je ne le montrerai pas seulement

(1) La loi Porcia (la première de ce nom est de 198) et les lois de Sempronius (C. Gracchus), en 123, avaient étendu à tous les pays sous la domination de Rome une loi Valeria de 509 av. J.-C., qui défendait de mettre à mort dans Rome ou de frapper de verges un citoyen.

(2) Le droit d'appel au peuple, enlevé aux tribuns par Sylla en 82, leur avait été rendu par Pompée en 71.

nostrae ciuitatis ! o lex Porcia legesque Semproniae ! o grauiter desiderata et aliquando reddita plebi Romanae tribunicia potestas ! Hucine tandem *haec* omnia reciderunt, ut ciuis Romanus in prouincia populi Romani, in oppido foederatorum, ab eo qui beneficio populi Romani fasces et secures haberet, deligatus in foro uirgis caederetur ? Quid ? cum ignes ardentesque laminae ceterique cruciatus admouebantur, si te illius acerba imploratio et uox miserabilis non inhibebat, ne civium quidem Romanorum qui tum aderant fletu et gemitu maximo commouebare ? In crucem tu agere ausus es quemquam qui se ciuem Romanum esse diceret ? Nolui tam uehementer agere hoc prima actione, iudices ; nolui. Vidistis enim ut animi multitudinis in istum dolore et odio et communis periculi metu concitarentur. Statui egomet mihi tum modum et orationi meae et C. Numitorio, equiti Romano, primo homini, testi meo, et *M'*. Glabrionem, id quod sapientissime fecit, facere laetatus sum, ut repente consili*um* in medio test*imonio* dimitteret. Etenim uerebatur ne populus Romanus ab isto eas poenas ui repetisse uideretur quas ueritus esset ne iste legibus ac uestro iudicio non esset persoluturus.
164 Nunc quoniam iam exploratum est omnibus quo loco causa tua sit et quid de te futurum sit, sic tecum agam. Gauium istum, quem repentinum speculatorem fuisse dicis, ostendam in Lautumias Syracusis a te esse coniectum, neque id solum ex litteris ostendam Syracusanorum, ne possis dicere me, quia sit aliqui in litteris

163 haec GELL. *om. PQH* || inhibebat *PQH* : leniebat GELL. || et gemitu *PQH* : gemituque GELL. || M'. *add. C.FW Mueller* || consilium *Hotman* : —io *PQH* || testimonio *Hotman* : testem *PQH*.

164 quoniam iam *P* : quoniam *QH*.

par les registres des Syracusains. Ainsi tu ne pourras pas dire qu'un Gavius d'une origine quelconque étant marqué sur les registres (1), je choisis et j'arrange ce nom pour pouvoir dire qu'il est bien celui dont je parlais (2). Je te produirai autant de témoins que tu voudras pour déclarer que c'est bien celui qui à Syracuse a été jeté par toi dans les Latomies. Je présenterai aussi des gens de Compsa, ses compatriotes et ses parents, afin de prouver trop tard pour toi, pas trop tard pour les juges, que ce Gavius, que tu as mis en croix n'était pas un espion d'esclaves fugitifs, mais un habitant du municipe de Compsa, un citoyen romain.

LXIV **165** Quand tous ces faits que j'annonce auront été surabondamment prouvés par des témoignages, alors je m'en tiendrai à ce que tu me fournis toi-même : je déclarerai m'en contenter. Naguère en effet, quand, bouleversé par les cris et les mouvements du peuple romain, tu t'es élancé de ton siège, qu'as-tu allégué ? Oui, qu'as-tu dit ? Que Gavius cherchant à différer son supplice avait incessamment clamé qu'il était citoyen romain, mais qu'il était un espion. Dès lors mes témoins sont véridiques. En effet, que dit C. Numitor ? Que disent M. et P. Cottius, hommes très connus du territoire de Tauroménium ? Et Lucceius, très grand banquier de Rhégium? Et tous les autres ? Jusqu'à présent en effet j'ai produit des témoins déclarant non pas qu'ils ont connu Gavius, mais qu'ils ont vu mettre en croix un homme qui criait être citoyen romain. Voilà précisément, Verrès, ce que tu dis toi-même ; voilà ce que tu avoues : il ne cessait de crier qu'il était citoyen romain et devant toi ce titre de citoyen n'a même pas eu assez de pouvoir pour te faire hésiter un peu, pour t'incliner du moins à quelque court ajournement du supplice le plus cruel et le plus horrible.

166 Voilà à quoi je m'en tiens, à quoi je m'attache, juges, voilà de quoi je me contente ; je laisse de côté, je néglige

(1) Voir LVII, 147 fin.

(2) Voir pour des faux de ce genre t. III, *de praet. sicil.*, XLII, 104 ; LXXVI, 187-LXXVIII, 191 et t. V, *de signis*, LXI, 137.

Gauius, hoc fingere et eligere nomen, ut hunc illum esse possim dicere, sed ad arbitrium tuum testis dabo, qui istum ipsum Syracusis abs te in Lautumias coniectum esse dicant. Producam etiam Co*n*sanos, municipes illius ac necessarios, qui te nunc sero doceant, iudices non sero, illum P. Gauium, quem tu in crucem egisti, ciuem Romanum et municipem Co*n*sanum, non speculatorem fugitiuorum fuisse.

LXIV **165** Cum haec omnia quae polliceor cumulate *testibus* pro*duct*is plana fecero, tum istuc ipsum tenebo quod abs te mihi datur ; eo contentum esse me dicam. Quid enim nuper tu ipse cum populi Romani clamore atque impetu perturbatus exsiluisti, quid, inquam, elocutus es ? Illum, quod moram supplicio quaereret, ideo clamitasse se ciuem esse Romanum, sed speculatorem fuisse. Iam mei testes ueri sunt. Quid enim dicit aliud C. Numitorius, quid M. et P. Cottii, nobilissimi homines ex agro Tauromenitano, quid Q. Lucceius, qui argentariam Regi maximam fecit, quid ceteri ? Adhuc enim testes ex eo genere a me sunt dati, non qui nouisse Gauium, sed se uidisse dicerent, cum is, qui se ciuem Romanum esse clamaret, in crucem ageretur. Hoc tu Verres idem dicis, hoc tu confiteris, illum clamitasse se ciuem esse Romanum ; apud te nomen ciuitatis ne tantum quidem ualuisse ut dubitationem aliquam [crucis], ut crudelissimi taeterrimique supplicii aliquam paruam moram saltem poss*e*t adferre. **166** Hoc teneo, hic haereo, iudices, hoc sum contentus uno ; omitto ac

164 Consanos *vulg.* : Cos — *PQH* || quem tu *P* : quem *QH* || Romanum et *P* : Romanum *QH* || Consanum *vulg.* : cos —*PQH*.
165 testibus productis *Lambin* : tuis proximis *PQH* tuis patronis *Kayser* testibus tuis proximis *Pascal Monet* || esse Romanum *PH* : r. e. *Q* || crucis *secl. vulg.* || posset *codd. rec.* : possit *PQH*.

tout le reste ; son propre aveu l'enveloppe et l'étrangle fatalement. Admettons que tu ignorais qui était Gavius, que tu le soupçonnais d'être un espion ; je ne cherche pas sur quel indice ; c'est par tes propres paroles que je t'accuse : il déclarait être citoyen romain. Si toi-même avais été pris chez les Perses ou tout au fond de l'Inde, Verrès, si tu étais conduit au supplice, quel cri ne cesserais-tu de pousser, si ce n'est que tu es citoyen romain ? Et alors qu'en passant inconnu chez des peuples qui ne te connaissaient point, chezdes barbares, au bout du monde, dans les pays les plus éloignés, tu eusses pu être protégé par le nom illustre et fameux chez tous de ta cité, cet homme, quel qu'il fût, que tu saisissais et attachais sur la croix, qui t'était inconnu, mais qui se déclarait citoyen romain, n'a pu devant toi, préteur du peuple romain, je ne dis pas fuir, mais même différer la mort en alléguant et en invoquant son titre de citoyen (1).

LXV 167 Des hommes de petite condition, de naissance obscure, voyagent sur mer, abordent en des lieux qu'ils n'ont jamais vus auparavant, où ils ne peuvent ni être connus des indigènes ni trouver toujours des répondants de leur identité ; cependant se fiant uniquement à leur titre de citoyens, ils croient être en sûreté, non pas seulement devant nos magistrats, que tient la crainte d'être frappés par les lois et par l'opinion, non pas seulement devant des citoyens romains à qui langage, droit et beaucoup d'autres liens les unissent, mais en tout lieu ils espèrent que cette qualité sera leur sauvegarde. 168 Ote cet espoir, ôte cette sauvegarde aux citoyens romains, décide qu'il n'est d'aucun secours de crier : « Je suis citoyen romain » ; qu'un préteur ou n'importe qui

(1) Sous la République, le titre de citoyen romain était particulièrement honoré : voir Cicéron, *Pro Font.*, VIII ; Tite-Live, XXIII, 5 ; Tacite, *Ann.*, III, 40 . La *ciuitas romana optimo iure* assurait le bénéfice de toutes les lois faisant respecter la liberté personnelle, conférait tout un ensemble de *jura publica* : *jus census, jus suffragii, jus honorum, jus prouocationis, jus militiae*, etc., et garantissait nombre de *jura priuata*.

neglego cetera ; sua confessione induatur ac iuguletur necesse est. Qui esset ignorabas, speculatorem esse suspicabare ; non quaero qua suspicione, tua te accuso oratione : ciuem Romanum *se* esse dicebat. Si tu apud Persas aut in extrema India deprensus, Verres, ad supplicium ducerere, quid aliud clamitares nisi te ciuem esse Romanum ? Et si tibi ignoto apud ignotos, apud barbaros, apud homines in extremis atque ultimis gentibus positos nobile et illustre apud omnes nomen ciuitatis tuae profuisset, ille, quisquis erat, quem tu in crucem rapiebas, qui tibi esset ignotus, cum ciuem se Romanum esse diceret, apud te praetorem si non effugium, ne moram quidem mortis mentione atque usurpatione ciuitatis assequi potuit. LXV **167** Homines tenues, obscuro loco nati, nauigant, adeunt ad ea loca quae numquam ante uiderunt, ubi neque noti esse iis quo uenerunt, neque *semper* cum cognitoribus esse possunt. Hac una tamen fiducia ciuitatis non modo apud nostros magistratus, qui et legum et existimationis periculo continentur, neque apud ciues solum Romanos, qui et sermonis et iuris et multarum rerum societate iuncti sunt, fore se tutos arbitrantur, sed quocumque uenerint, hanc sibi rem praesidio sperant futur*um*. **168** Tolle hanc spem, tolle hoc praesidium ciuibus Romanis ; constitue nihil esse opis in hac uoce : « civis Romanus sum », posse impune praetorem aut

166 se *add. codd. rec.* || Si tu — positos *habet* SEVER. *H.* 368, 19 || clamitares *PQH* : clamares SEVER. || et si *PQH* : et SEVER. || apud homines *PQH* om. SEVER.

167 *totum habet* GELL. 1, 7, 2 || ante *cet.* : antea GELL. *cod. A* || uiderunt *PQH* : adierunt GELL. || ubi *PQH om.* GELL || semper GELL. *om. PQH* || rerum *Q* GELL *om. PH* || futurum GELL. *codd. rec.* : futuram *PH* esse futuram *Q*.

peut impunément, sous prétexte qu'il ignore la nationalité de sa victime, décréter un supplice à son gré, contre un homme se déclarant citoyen romain, alors ce sont toutes les provinces, tous les pays étrangers, toutes les cités libres, tout l'univers qui fut toujours très largement ouvert à nos compatriotes, qu'avec ton système de défense tu auras fermé aux citoyens romains.

Eh quoi ! Puisque Gavius nommait L. Ræcius, chevalier romain, qui résidait alors en Sicile, était-il donc si difficile d'écrire à Palerme ? Tu aurais conservé l'homme dans les prisons de tes chers Mamertins (1), tu l'aurais tenu enchaîné, enfermé jusqu'à ce que Ræcius arrivât de Palerme ; s'il connaissait Gavius, tu retranchais quelque rigueur du supplice suprême ; s'il ne le connaissait pas, alors si tel était ton bon plaisir, tu établissais contre tous ce point de droit qu'un homme inconnu de toi et ne fournissant pas un répondant riche en crédit (2), bien qu'il fût citoyen romain, serait crucifié.

LXVI **169** Mais pourquoi parler davantage de Gavius, comme si c'était de Gavius que tu étais l'adversaire personnel, et non pas l'ennemi du nom, de la race et du droit des citoyens ? Ce n'est pas à cet homme, dis-je, que tu as marqué ta haine, mais à la cause commune de la liberté (3). Quand les Mamertins, suivant leur coutume et leur règle, avaient dressé la croix derrière la ville, sur la voie Pompeïa, à quoi bon ordonner de la dresser du côté de la mer et ajouter, ce que tu ne peux nier, ce que tu as dit ouvertement, ce que tous ont entendu, que le motif du choix de cet emplacement, c'était que cet homme, se déclarant citoyen romain, pût du haut de sa croix distinguer l'Italie et apercevoir sa maison ? (4) Aussi, juges, est-ce la seule croix qui, depuis la fondation de Messine, ait été dressée

(1) Voir XVII, 43, 44 ; t. IV, *de frum.*, V, 13 et XLVI, 14 ; t. V, *de sig.*, X, 22-24 et LXVII, 150.

(2) La richesse de tout ordre fait toujours impression sur Verrès. *Locuples* signifie proprement *riche en terres*, par suite *offrant des garanties, digne de confiance, irrécusable.*

(3) Cicéron élève ainsi et agrandit le débat.

(4) Verrès avait l'air par là de braver l'Italie.

alium quempiam supplicium quod uelit in eum constituere qui se ciuem Romanum esse dicat, quod eum, qui *sit* ignoret; iam omnes prouincias, iam omnia regna, iam omnes liberas ciuitates, iam omnem orbem terrarum, qui semper nostris hominibus maxime patuit, ciuibus Romanis ista defensione praecluseris.

Quid ? si L. R*a*ecium, equitem Romanum, qui tum erat in Sicilia, nominabat, etiamne id magnum fuit Panhormum litteras mittere ? Asseruasses hominem custodiis Mamertinorum tuorum; uinctum clausum habuisses, dum Panhormo Raecius ueniret; cognosceret hominem, aliquid de summo supplicio remitteres; si ignoraret, tum si ita tibi uideretur, hoc iuris in omnes constitueres, ut qui neque tibi notus esset neque cognitorem locupletem daret, quamuis ciuis Romanus esset, in crucem tolleretur.

LXVI **169** Sed quid ego plura de Gauio, quasi tu Gauio tum fueris infestus ac non nomini, generi, iuri ciuium hostis ? Non illi, inquam, homini, sed causae communi libertatis inimicus fuisti. Quid enim attinuit, cum Mamertini *more* atque instituto suo crucem fixissent post urbem in uia Pompeia, te iubere in ea parte figere quae ad fretum spectaret, et hoc addere, quod negare nullo modo potes, quod omnibus audientibus dixisti palam, te idcirco illum locum deligere, ut ille, quoniam se ciuem Romanum esse diceret, ex cruce Italiam cernere ac domum suam prospicere posset ? Itaque illa crux sola, iudices, post conditam

168 qui sit *FRichter* : quis *PQH* || ista *P* : hac *QH* || Raecium *Halm* : recium *PH* precium *Q* || erat in Sicilia *PH* : in S. erat *Q* : asseruasses *PH* : —se *Q* || Raecius ueniret *clausula inusitata.*
169 more *Navigero* : nomine *PQH.*

en ce lieu-là. Verrès a choisi une place en vue de l'Italie pour que Gavius, dans les douleurs et la torture de la mort, apprît qu'un bras de mer très étroit séparait le régime de l'esclavage et celui de la liberté, et pour que l'Italie vît son enfant livré au supplice le plus cruel et le plus infamant qu'on inflige aux esclaves.

170 C'est un attentat que d'enchaîner un citoyen romain, c'est un crime de le frapper, c'est presque un parricide que le faire périr de mort violente ; et le mettre en croix, comment qualifier cet excès (1) ? Pas de terme assez fort pour nommer un tel sacrilège. Tous ces forfaits ne suffirent pas à Verrès : « qu'il regarde la patrie, s'écria-t-il ; que ce soit à la vue des lois et de la liberté qu'il meure ! » Non, en cet endroit ce n'est pas Gavius, ce n'est pas je ne sais quel homme entre tous (citoyen romain), mais c'est la cause commune de la liberté et des citoyens que tu as mise à la torture et en croix.

Et maintenant voyez l'audace de cet homme. En conscience ne vous paraît-il pas avoir été contrarié de ne pouvoir dresser cette croix, destinée à des citoyens romains, sur le Forum, dans l'Assemblée du peuple, sur la tribune ? Il a choisi en effet dans sa province l'emplacement le plus semblable à ces lieux par l'affluence de la foule, le plus près par la situation. Il a voulu que le monument de sa scélératesse et de son audace fût élevé en vue de l'Italie, à l'entrée de la Sicile, sur le passage de tous ceux qui naviguaient dans les deux sens.

LXVII **171** Si ce n'était pas devant des citoyens romains, devant quelques amis de notre État, devant des personnes ayant entendu parler du peuple romain, enfin si ce n'était pas devant des hommes, mais devant des bêtes

(1) Voir t. II, *Actio prima*, V, 13.; *de praet. urb.*, III, 7 ; t. IV, *de frum.*, XXIV, 40 ; XXVI, 66 ; t. V, *de signis*, X, 24 ; XI, 26. Après les *loges Porciae de tergo civium* (198-195-184), les verges avaient été réservées exclusivement pour les *peregrini*. Le supplice de la croix n'était appliqué qu'aux esclaves, aux transfuges et aux provinciaux coupables de piraterie, d'assassinat, de brigandage, d'excitation à la révolte ou d'insurrection.

Messanam illo in loco fixa est. Italiae conspectus ad eam rem ab isto delectus est, ut ille in dolore cruciatuque moriens perangusto fret*u* diuisa seruitutis ac libertatis iura cognosceret, Italia autem alumnum suum seruitutis extremo summoque supplicio *ad*fixum uideret. **170** Facinus est uincire civem Romanum, scelus uerberare, prope parricidium necare ; quid dicam in crucem tollere ? Verbo satis digno tam nefaria res appellari nullo modo potest. Non fuit his omnibus iste contentus : « Spectet, inquit, patriam ; in conspectu legum libertatisque moriatur ». Non tu hoc loco Gauium, non unum hominem nescioquem [ciuem Romanum], sed communem libertatis et ciuitatis causam in illum cruciatum et crucem egisti. Iam uero uidete hominis audaciam ! Nonne eum grauiter tulisse arbitramini quod illam ciuibus Romanis crucem non posset in foro, non in comitio, non in rostris defigere ? Quod enim his locis in prouincia sua celebritate simillimum, regione proximum potuit el*e*git ; monumentum sceleris audaciaeque suae uoluit esse in conspectu Italiae, uestibulo Siciliae, praeteruectione omnium qui ultro citroque nauigarent.

LXVII **171** Si haec non ad ciues Romanos, non ad aliquos amicos nostrae ciuitatis, non ad eos qui populi Romani nomen audissent, denique si non ad homines

169 perangusto fretu divisa *habet* GELL. 13, 21, 15 || fretu GELL. : freto *PQH* || Italia — uideret *habet* NON. 242, 36 || adfixum *Navïgero* : defixum *PQH* fixum NON.

170 Facinus —tollere *habet* QVINT, *Inst. Or.* 8, 4, 4 || Non tu —communem libertatem in crucem egisti *habet* SEVER. *H.* 367, 27 || ciuem Romanum *om.* SEVER || elegit *codd. rec.* : eligit *PQH* || citroque nauigarent *clausula inusitata.*

171 *Post* nostrae *adsunt rursus RS* || denique —mouerentur *habet* SEVER, *H* 368, 24.

ou même, — allons plus loin, — si c'était dans quelque désert très abandonné, devant des pierres et des rochers que je voulais me plaindre et me lamenter sur ces faits, ces êtres muets et inanimés ne laisseraient pas d'être tous émus par une si grande et si indigne atrocité.

Mais maintenant, parlant devant des sénateurs du peuple romain, garants des lois, de la justice et du droit, je ne dois pas douter de votre sentence : vous jugerez que Verrès seul entre tous les citoyens romains mérite d'être mis en croix et que, pour tous les autres, semblable supplice est la plus grande indignité.

172 Naguère, juges, la mort déplorable et révoltante des capitaines de vaisseaux nous faisait verser des larmes ; justement et à bon droit nous étions touchés du malheur d'alliés innocents ; que devons-nous donc faire à présent, quand il s'agit de victimes de notre sang ? Car il faut estimer qu'il y va du sang de tous les citoyens romains en bloc ; ainsi le réclament le souci du salut commun et la vérité. Dans ce procès, tous les citoyens romains présents et les absents où qu'ils se trouvent ont besoin de votre sévérité, invoquent votre justice, font appel à votre protection : ce sont tous leurs droits, leurs intérêts, leurs appuis, toute leur liberté enfin qui à leurs yeux dépendent de vos décisions.

173 Bien que j'aie fait tout ce qu'ils demandaient, cependant si l'événement trompe mon attente, je ferai pour eux encore plus peut-être qu'ils ne réclament ; car si quelque pouvoir arrache ce coupable à votre sévérité, ce que je ne crains pas, juges, et ce que je ne crois possible en aucune façon, si pourtant je me trompe en mes calculs, les Siciliens se plaindront que leur cause ait succombé et j'en serai peiné comme eux ; mais le peuple romain en vérité, m'ayant donné la faculté de parler devant lui, ne tardera pas à recouvrer ses droits par l'effet de ma parole et de ses suffrages avant les Calendes de Février (1). Et

(1) Ses fonctions d'édile curule devaient commencer le 1er janvier 69. Il ne s'exagérait pas l'autorité qu'elles lui donneraient (Voir *Actio prima*, XIII, 37).

uerum ad bestias, aut etiam, ut longius progrediar, si in aliqua desertissima solitudine ad saxa et ad scopulos haec conqueri ac deplorare uellem, tamen omnia muta atque inanim*a* tanta et tam indigna rerum acerbitate commouerentur. Nunc uero cum loquar apud senatores populi Romani, legum et iudiciorum et iuris auctores, timere non debeo ne non unus iste ciuis Romanus illa cruce dignus, ceteri omnes simili periculo indignissimi iudicentur. **172** Paulo ante, iudices, lacrumas in morte misera atque indigna nauarchorum non tenebamus et recte ac merito sociorum innocentium miseria commouebamur ; quid nunc in nostro sanguine tandem facere debemus ? Nam ciuium Romanorum omnium sanguis coniunctus existumandus est, quoniam et salutis omnium ratio et ueritas postulat. Omnes hoc loco ciues Romani, et qui adsunt et qui ubique sunt, *uestram seueritatem desiderant,* uestram fidem inplorant, uestrum auxilium requirunt ; omnia sua iura, commoda, auxilia, totam denique libertatem in uestris sententiis uersari arbitrantur. **173** A me tametsi satis habent, tame*n*, si res aliter acciderit, plus habebunt fortasse quam postulant. Nam siqua uis istum de uestra seueritate eripu*er*it, id quod neque metuo, iudices, neque ullo modo fieri posse uideo, sed si in hoc me ratio fefellerit, Siculi causam suam perisse querentur et mecum pariter moleste ferent, populus quidem Romanus breui, quoniam mihi potestatem apud se agendi dedit, ius suum me agente suis suffragiis ante

171 inanima *Navigero* : — mata *RS* — malia *PQH* SEVER. ‖ commouerentur *codd.* : mouerentur SEVER.
172 uestram seueritatem desiderant *om. RS.*
173 tamen *PQH* : tam R^1S tam et R^2 ‖ eripuerit *PQH* : eripuit *RS.*

si c'est à ma gloire et à mes dignités que vous songez, il n'est pas contraire à mes intérêts, juges, que vous m'arrachiez ce coupable à ce tribunal pour le réserver au tribunal du peuple romain. Cette cause est bien pour faire briller l'orateur, elle est fertile en preuves, facile pour moi, agréable et heureuse pour le peuple. Enfin si je parais (ce que je n'ai pas cherché) avoir voulu grandir aux dépens de cet homme entre tous, une fois lui acquitté, ce qui ne peut se produire sans le crime de plusieurs, c'est aux dépens de beaucoup de personnes qu'il me sera permis de grandir.

Avertissements à Hortensius et aux juges. LXVIII Mais certes, dans votre intérêt et dans celui de la République, je ne désire pas, juges, que cette assemblée choisie par moi cause un si grand scandale, je ne désire pas que des juges approuvés et choisis par moi circulent en cette ville marqués d'infamie par l'acquittement de Verrès et semblent ainsi couverts non de cire, mais de boue (1). **174** Voilà pourquoi je t'en avertis, Hortensius, si à cette place où j'accuse il y a place pour un avertissement : regardes-y à deux fois, considère bien ce que tu fais, jusqu'où tu t'avances, quel homme est ton client et par quels moyens tu le défends. Et à ce propos je ne te soulève d'avance aucun obstacle qui t'empêche, dans notre lutte oratoire, de déployer ton talent et toutes les ressources de ton éloquence. Du reste, si tu te flattes de régler en cachette hors du tribunal les questions qui concernent le tribunal, si tu songes à tenter des manœuvres par tes intrigues, ton influence, ton pouvoir, ton crédit, et par les richesses de Verrès, je te conseille fort d'y renoncer ; et pour ces entreprises qu'il a déjà essayées et commencées, mais que j'ai suivies à la trace et que je connais bien, je t'engage à éteindre cette ardeur et à les arrêter net. Une erreur de conduite en cette affaire te fera courir un grand danger,

(1) Lors du procès de Térentius Varron, son cousin Hortensius ayant corrompu des juges leur avait donné pour le vote des tablettes de cire qui se distinguaient par leur couleur, pour s'assurer qu'ils avaient tenu leurs engagements.

Kalendas Februarias recuperabit. Ac si de mea gloria atque amplitudine quaeritis, iudices, non est alienum meis rationibus istum mihi ex hoc iudicio ereptum ad illud populi Romani iudicium reseruari. Splendida est illa causa, probabilis mihi et facilis, populo grata atque iucunda ; denique si uideor hic, id quod ego non quaesiui, de uno isto uoluisse crescere, isto absoluto, quod sine multorum scelere fieri non potest, de multis mihi crescere licebit.

LXVIII Sed mehercule uestra reique publicae causa, iudices, [quos ego probarim] nolo in hoc de*l*ecto consilio tantum flagiti esse commissum, nolo eos iudices quos ego probarim atque dele*ge*rim, sic in hac urbe notatos isto absoluto ambulare, ut non cera, sed caeno obliti esse uideantur. **174** Quamobrem te quoque, Hortensi, siqui monendi locus ex hoc loco est, moneo uideas etiam atque etiam et consideres qui*d* agas, [pro] quo progrediare, quem hominem et qua ratione defendas. Neque de illo tibi quicquam praefinio, quominus ingenio mecum atque omni dicendi facultate contendas ; cetera siqua putas te occultius extra iudicium, *quae ad iudicium* pertineant, facere posse, siquid artificio, consilio, potentia, gratia, copiis istius moliri cogitas, magno opere censeo de*s*istas et illa qu*ae* temptata iam et coepta sunt ab isto, a me autem peruestigata et cognita, moneo ut exstinguas et longius progredi ne sinas. Magno tuo periculo peccabitur in hoc iudicio, maiore quam putas.

173 quos ego probarim *om.* *PQH* ‖ delecto *PQH* : deiecto *RS* ‖ delegerim *PQH* : delerim *RS*.

174 quid *PQH* : qui *RS* ‖ quo *PQH* : pro quo *RS* ‖ quae ad iudicium *om.* *RS* ‖ desistas *PQH* : deistas *RS* ‖ quae *PQH* : quem *RS*.

plus grand que tu ne supposes. **175** Si tu penses en effet que tu n'as plus à craindre à présent l'opinion publique pour avoir rempli de hautes charges et être consul désigné, il faut au moins autant de peine, crois-moi, pour garder que pour gagner ces honneurs et ces faveurs du peuple romain.

Rome a supporté tout le temps qu'elle a pu, tout le temps qu'elle y fut contrainte (1), dans les tribunaux et dans toute l'administration de l'État, votre tyrannie digne des rois ; elle l'a supportée, mais du jour où les tribuns de la plèbe ont été rendus au peuple romain (2) toute cette autorité despotique, si d'aventure vous ne le comprenez pas encore, vous a été enlevée et arrachée. Et maintenant, dans ce moment même, tous les yeux sont fixés sur chacun de nous pour examiner la loyauté de l'accusateur, la conscience des juges et les moyens du défenseur.

De nous tous si quelqu'un s'écarte tant soit peu du droit chemin, ce ne sera pas cette opinion silencieuse, ordinairement méprisée par vous dans le passé, mais le jugement violent et indépendant du peuple romain qui vous atteindra. **176** Pas de parenté, pas de lien, Quintus (3), qui t'attache à Verrès. De ces excuses qui te servaient d'habitude à expliquer naguère ton excès de zèle dans tel ou tel procès (4), tu ne peux alléguer aucune au aujet de cet homme. Les propos qu'il répétait ouvertement dans sa province toutes les fois qu'il déclarait faire ce qu'il faisait parce qu'il comptait sur toi, tu dois t'évertuer le plus possible à les démentir.

LXIX **177** Pour moi, je m'assure que, de l'aveu même de ceux qui me sont le plus contraires, j'ai rempli entièrement mon devoir ; car pour Verrès, en quelques heures, pendant la première partie du procès, je l'ai fait condamner par l'opinion de tous les hommes. Il reste à pro-

(1) Pendant que Sylla fut le maître.
(2) Voir ch. LXIII, 163 et la note 1.
(3) Prénom d'Hortensius.
(4) Allusion au procès de Térentius Varron et à sa parenté avec Hortensius.

175 Quod enim te liberatum iam existimationis metu, defunctum honoribus, designatum consulem, cogites, mihi crede, ornamenta ista et beneficia populi Romani non minore negotio retinentur quam comparantur. Tulit haec ciuitas quoad potuit, quoad necesse fuit, regiam istam uestram dominationem in iudiciis et in omni re publica; tulit, sed quo die populo Romano tribuni plebi restituti sunt, omnia ista uobis, si forte nondum intellegitis, adempta atque erepta sunt. Omnium nunc oculi coniecti sunt hoc ipso tempore in unumquemque nostrum, qua fide ego accusem, qua religione hi iudicent, qua tu ratione defendas. De omnibus nobis, siqui tantulum de recta regione deflexerit, non illa tacita existimatio quam antea contemnere solebatis, sed uehemens ac liberum populi Romani iudicium consequ*e*tur. **176** Nulla tibi, Quinte, cum isto cognatio, nulla necessitudo. Quibus excusationibus antea nim*i*um in aliquo iudicio studium tuum defendere solebas, earum habere in hoc homine nullam potes. Quae iste in prouincia palam dictitabat, cum ea quae faciebat tua se fiducia facere dicebat, ea ne uera putentur. tibi maxime est prouidendum, LXIX **177** Ego mei rationem iam offici confido esse omnibus iniquissimis meis persolutam. Nam istum paucis horis prima*e* ac*t*ionis omnium mortalium sententiis condemnaui. Reliquum iudicium iam non de mea fide, quae perspecta est, nec de istius uita, quae damnata est, sed de iudicibus, et uere ut dicam, de te futurum est.

175 consequetur *PQH* : —itur *RS*.
176 antea nimium *PQH* : ante animum *RS* || potes *PQH* : potest *RS*.
177 primae actionis *PQH* : prima faccionis *RS*.

noncer maintenant non pas sur ma loyauté qui est bien connue, ni sur la vie de Verrès qui est condamnée, mais sur les juges et, à dire vrai, sur toi-même.

Mais dans quel moment le fera-t-on? (il y faut surtout songer : car, dans les affaires de l'État comme dans toutes les autres, de très grande importance sont l'esprit et les tendances du moment). Eh bien, au moment où le peuple romain demande, pour rendre la justice, des hommes d'une autre classe (1), d'un autre ordre politique, eh bien une loi sur les tribunaux et les juges nouveaux a été affichée. Ce n'est pas celui dont en son titre elle porte le nom (2) qui l'a fait afficher, mais l'inculpé que voilà (3) ; c'est lui, dis-je, qui, par ses espérances et par l'opinion qu'il a de vous, a réussi à faire rédiger et afficher cette loi. **178** Aussi, quand nous avons commencé dans la première partie du procès à le poursuivre, la loi n'avait pas été affichée ; tout le temps que Verrès, bouleversé par votre sévérité, faisait voir par des marques nombreuses qu'il ne semblait pas disposé à répondre, on ne disait pas un mot de cette loi. Quand Verrès eut paru reprendre courage et forces, la loi fut aussitôt affichée. Si votre honneur y fait violente opposition, ce sont les vaines espérances de Verrès et son rare cynisme qui sont très propres à en assurer le vote. Si quelque prévarication est commise ici par quelqu'un de vous, et relevée, ou le peuple romain jugera le juge prévaricateur, qu'il aura dès maintenant tenu indigne des tribunaux, ou bien les juges seront les magistrats nouveaux qu'une loi nouvelle aura établis pour juger les anciens juges à cause du discrédit des tribunaux.

LXX **179** Quant à moi, quel mortel ne comprend, sans que je le dise, comme je dois nécessairement aller plus loin? Pourrai-je me taire, Hortensius, pourrai-je, quand la République aura reçu un si grand coup, dissimuler au

(1) Voir notice p. 12, note 2.
(2) Voir notice, p. 13, note 2.
(3) A cause du scandale de son procès qui a provoqué l'affichage.

At quo tempore futurum est (nam id maxime prouidendum est ; etenim cum omnibus in rebus tum in re publica permagni momenti est ratio atque inclinatio temporum) ? Nempe eo cum populus Romanus aliud genus hominum atque alium ordinem ad res iudicandas requirit, nempe lege de iudiciis iudicibusque nouis promulgata. Quam non is promulgauit quo nomine proscriptam uidetis, sed hic reus, hic, inquam, sua spe atque opinione quam de uobis habet, legem illam scribendam promulgandamque curauit. **178** Itaque, cum primo agere coepimus, lex non erat promulgata ; cum iste uestra seueritate permotus multa signa dederat quamobrem responsurus non uideretur, mentio de lege nulla fiebat. Posteaquam iste recreari et confirmari uisus est, lex statim promulgata est. Cui legi cum uestra dignitas uehementer aduersetur, istius spes falsa et insignis inpudentia maxime suffragatur. Hic siquid erit commissum a quoquam uestrum quod reprendatur, aut populus Romanus iudicabit de eo homine quem iam ante iudiciis indignum putar*i*t, aut e*i* qui propter offensionem iudiciorum de ueteribus iudicibus lege noua noui iudices erunt constituti. LXX **179** Mihi porro, ut ego non dicam, quis omnium mortalium non intellegit quam longe progredi sit necesse ? Potero silere, Hortensi, potero dissimulare, cum tantum res publica uolnus acceperit, ut expilata prouincia, uexati socii, di immortales spoliati, ciues Romani cruciati et necati inpune me actore esse uideantur ? Potero ego hoc onus tantum aut in hoc iudicio deponere

177 iudicibusque nouis promulgata *clausula inusitata.*
178 putarit *Halm* : —ret *RS* —uit *PQH* || ei *PQH* : et hi *RS.*

point de laisser paraître impunis malgré mes poursuites, le pillage d'une province, la persécution des alliés, la spoliation des dieux immortels, les supplices et les morts violentes de citoyens romains ? Pourrai-je renoncer à ma si lourde charge de demandeur à la suite de votre jugement, ou la porter encore sans rien dire ? Ne faudra-t-il pas poursuivre l'affaire ? la produire au grand jour ? implorer la justice du peuple romain ? incriminer ou appeler en jugement tous ceux qui se seront rendus assez coupables de forfaiture pour laisser corrompre leur justice ou pour corrompre les juges ?

180 Quelqu'un demandera peut-être : « Vas-tu donc t'exposer à une fatigue si pénible, aux inimitiés si fortes de personnes si nombreuses ? » Ce n'est certes pas par esprit de parti ni de mon gré, mais je n'ai pas le droit de vivre comme ces nobles de naissance qui reçoivent en dormant toutes les faveurs du peuple romain (1) ; c'est une tout autre situation faite par les lois qui m'est imposée dans cette cité. Je me rappelle M. Caton, le plus sage et le plus vigilant des hommes : tenant que le mérite et non pas la naissance le recommandait au peuple romain, désirant faire commencer à lui et durer à partir de lui sa noblesse et son nom, il encourut les inimitiés des personnages les plus puissants et vécut dans les plus importantes occupations jusqu'à une extrême vieillesse en se couvrant de gloire. **181** Plus tard Q. Pompée d'humble et obscure origine, n'a-t-il pas acquis les dignités les plus considérables au prix des inimitiés les plus nombreuses, des dangers et des travaux les plus grands ? Naguère c'est C. Fimbria, c'est C. Marius, c'est C. Cælius que nous avons vus aux prises avec des inimitiés et des travaux d'importance pour parvenir à ces dignités où vous êtes arrivés en vous amusant et ne faisant rien. Voilà quelle est la direction et la voie tracées à ma conduite ; voilà les hommes dont nous suivons jusqu'au bout la vie et les exemples.

(1) Voir le discours de Marius dans le *Jugurtha* de Salluste, œuvre écrite en 40 av. J.-C.

aut *diutius tacitus* sustinere ? Non agitanda res erit, non in medium proferenda, non populi Romani fides inploranda, non omnes qui tanto se scelere obstrinxerunt ut aut fidem suam corrumpi paterentur aut iudicium corrumperent, in discrimen aut iudicium uocandi ?

180 Quaeret aliquis fortasse : « tantumne igitur laborem, tantas inimicitias tot hominum suscepturus es ? » Non studio quidem hercule ullo neque uoluntate ; sed non idem licet mihi quod *iis* qui nobili genere nati sunt, quibus omnia populi Romani beneficia dormientibus defer*u*ntur ; longe alia mihi lege in hac ciuitate et condicione uiuendum est. Venit mihi in mentem M. Catonis, hominis sapientissimi et uigilantissimi, qui cum se uirtute, non genere, populo Romano commendari putaret, cum ipse sui generis initium ac nominis ab se gigni et propagari uellet, hominum potentissimorum suscepit inimicitias et maximis laboribus *u*sque ad summam *senectutem summa* cum gloria uixit. **181** Postea Q. Pompeius humili atque obscuro loco natus nonne plurimis inimicitiis maximisque suis periculis ac laboribus amplissimos honores est adeptus ? Modo C. Fimbriam, *C*, Marium, C. Cae*e*lium uidimus non mediocribus inimicitiis ac laboribus contendere ut ad istos honores peruenirent ad quos uos [et] per ludum et per neglegentiam peruenistis. Haec eadem est nostrae rationis regio et uia ; horum nos hominum sectam atque instituta persequimur. LXXI Vid*e*mus quanta sit *in* inuidia quantoque in

179 diutius *om. RS.*
180 iis *PQH* : his *RS* || deferuntur *PQH* : —entur *RS* || usque *PQH* : suisque *RS* || senectutem summa *om. RS.*
181 C. *om. RS* || Caelium *PQH* : Caecilium *RS* || per *PQH* : et per *RS* || Videmus *PQH* : uideamus *RS* || sit in *codd. rec.* : sit *nostri*.

Les hommes nouveaux.

LXXI Nous voyons quel vif sentiment de jalousie et quelle grosse haine de la part de certains nobles soulèvent le mérite et l'activité des hommes nouveaux. Si nous détournons tant soit peu les regards, des embûches contre nous sont toutes prêtes ; si nous laissons quelque prise au soupçon ou à l'accusation, tout aussitôt un coup nous frappe ; toujours il nous faut être en éveil, toujours au travail. **182** Les inimitiés, supportons-les ; le travail, assumons-le. En effet les inimitiés sourdes et cachées sont moins à craindre que les haines ouvertes et déclarées. Presque personne d'entre les nobles n'est favorable à nos efforts ; par aucun de nos bons offices nous ne pouvons gagner leur bienveillance ; comme s'ils étaient d'une nature et d'une race différentes, ils sont séparés de nous par leurs sentiments et leurs tendances (1). Aussi quel danger à s'attirer l'hostilité de ceux dont les âmes sont hostiles et jalouses avant même que vous ayez encouru leur hostilité ?

183 Par conséquent, juges, ce que je souhaite, c'est de ne plus accuser après ce procès (2), quand j'aurai satisfait à mes devoirs envers le peuple romain et rempli l'engagement pris envers les Siciliens, mes clients. Mais je suis décidé, si l'événement ne répond pas à la bonne opinion que j'ai de vous, à poursuivre ceux qui seront les plus responsables de la corruption de la justice, et même les complices de cette corruption, Ainsi donc, que ceux qui voudraient appliquer puissance, audace et habiles intrigues à corrompre la justice au sujet de cet accusé se préparent à avoir affaire à moi devant le peuple romain pris pour arbitre, et si à propos de cet accusé, dont les Siciliens ont fait mon adversaire, ils ont assez éprouvé ma vigueur, ma ténacité, ma vigilance, qu'ils s'attendent à me trouver,

(1) Voir Tite-Live, IV, 3-6, le discours de Canuleius.

(2) Voir t. II, p. 39. Jusqu'au procès de Verrès, Cicéron avait toujours été défenseur. Maintenant il a fait office d'accusateur dans les Verrines. Il accusera encore Calpurnius Pison en 55, et Munatius Plancus Bursa en 52 et, dans des causes politiques, Catilina et Antoine.

odio apud quosdam nobilis homines nouorum hominum uirtus et industria ; si tant*u*lum ocul*os* deiecerimus, praesto esse insidias ; si ullum locum aperuerimus suspicioni aut crimini, accipiendum statim uolnus esse ; semper nobis uigilandum, semper laborandum uidemus. **182** Inimicitiae sunt, subeantur ; labor, suscipiatur ; etenim tacitae magis et occultae inimicitiae timendae sunt quam ind*i*ctae atque apertae. Hominum nobilium non fere quisquam nostrae industriae f*aue*t ; nullis nostris officiis beniuolentiam illorum allicere possumus ; qu*asi* natura et genere diiuncti sint, ita dissident a nobis animo ac uoluntate. Quare quid habent eorum inimicitiae periculi quorum animos iam ante habueris inimicos et inuidos, quam ullas inimicitias susceperis ? **183** Quamobrem mihi, iudices, optatum illud est, in hoc reo finem accusandi facere, cum et populo Romano satis factum et receptum officium Siculis, necessariis meis, erit persolutum. Deliberatum autem est, si res opinionem meam quam de uobis habeo fefellerit, non modo eos persequi, ad quos maxime culpa corrupti iudicii, sed etiam illos ad quos conscientiae contagio pertinebit. Proinde siqui sunt qui in hoc reo aut potentes aut audaces aut artifices ad corrumpendum iudicium uelint esse, ita sint parati ut disceptan*te* populo Romano mecum sibi rem uideant futuram, et si me in hoc reo quem mihi inimicum Siculi dederunt, satis uehementem, satis perseuerantem, satis uigilantem esse cognorunt, existiment in *i*is homini-

181 tantulum oculos *PQH* : tantum oculum *RS*.
182 indictae *PQH* : inductae *RS* || fauet *PQH* : fuit *RS* || quasi *PQH* : quis in *RS*.
183 disceptante *PQH* : —di *RS* || in iis *PQH* : in his *RS*.

à l'égard des hommes dont j'aurai affronté les inimitiés dans l'intérêt du peuple romain, beaucoup plus énergique et pressant.

Invocation aux divinités.

LXXII 184 (1) Maintenant toi, Jupiter très bon très grand, à qui Verrès par un crime sacrilège arracha d'entre les mains d'un roi un don royal, digne de ton très beau temple, digne du Capitole et de cette citadelle de tous les peuples, digne de la générosité royale, offert à toi par des rois, promis et consacré à ta divinité ; toi dont il a enlevé dans Syracuse la statue très sainte et très belle ; — et toi, Junon, reine des dieux, dont le même Verrès, par un crime semblable, a dépouillé de tous leurs dons et ornements deux sanctuaires très saints et très anciens, situés dans des îles de nos alliés, à Malte et à Samos ; — et toi, Minerve, que Verrès de même a volée dans deux temples très fameux et très sacrés, à Athènes lorsqu'il enleva une grosse masse d'or, à Syracuse quand il prit tout, sauf les toits et les murs ; — 185 et vous Latone, Apollon et Diane dont Verrès à Délos a pillé, par un brigandage et une attaque nocturnes, je ne dis pas le sanctuaire, mais suivant l'opinion et le sentiment religieux de tous, la résidence ancienne et le domicile divin ; — et toi encore, Apollon, que Verrès enleva de Chios ; et toi de nouveau Diane, qu'à Perga il dépouilla, dont il fit enlever et emporter la statue très révérée à Ségeste et deux fois consacrée chez les Ségestains, d'abord par leur culte, et une seconde fois par la victoire de Scipion l'Africain ; — et toi, Mercure, que Verrès plaça dans la maison et dans la palestre de quelqu'un de ses amis, toi dont Scipion l'Africain voulut faire dans une ville d'alliés et dans le gymnase des Tyndaritains un gardien et un directeur de

(1) On reconnaîtra aisément, dans les allusions qui vont suivre, des faits cités déjà. Voir *de praet. urb.*, XVII, 45-XX, 52 : pillage de sanctuaires d'Athènes, de Syracuse, de Délos, de Samos ; vols de l'Apollon de Chios XIX, 49 et de la Diane de Perga XX, 54 ; affaire du temple de Castor et Pollux XLIX-LIX ; outrages à diverses divinités LIX, 154. — Voir *de Signis* vol du candélabre

bus quorum ego inimicitias populi Romani salutis causa suscepero, multo grauiorem atque acriorem futurum.

LXXII **184** Nunc te, Iuppiter optime maxime, quoius iste donum regale, dignum tuo pulcherrimo templo, dignum Capitolio atque ista arce omnium nationum, dignum regio munere, tibi factum ab regibus, tibi dicatum atque promissum, per nefarium scelus de mani*bus* reg*iis* extorsit, cuiusque sanctissimum et pulcherrimum simulacrum Syracusis sustulit; teque, Iuno regina, cuius duo fana duabus in insulis posita sociorum, Melitae et Sami, sanctissima et antiquissima simili scelere idem iste omnibus donis ornamentisque nudauit teque, Minerua, quam item duobus in clarissimis et religiosissimis templis expilauit, Athenis, cum auri grande pondus, Syracusis, cum omnia praeter tectum et parietes abstulit; **185** teque, Latona et Apollo et Diana, quorum iste Deli non fanum, sed ut hominum opinio et religio fert, sedem antiquam diuinumque domicilium nocturno latrocinio atque impetu conpilauit; etiam te, Apollo, quem *i*ste Chio sustulit; teque etiam atque etiam, Diana, quam Pergae spoliauit, cuius simulacrum sanctissimum Segestae bis apud Segestanos consecratum, semel ipsorum religione, iterum P. [r.] Africani uictoria, tollendum asportandumque curauit; teque, Mercuri, quem Verres in domo et in priuata a*li*qua palaestra *posuit*, P. Africanus in urbe sociorum et in gymnasio Tyndaritanorum iuuentutis illorum custodem ac praesidem uoluit esse;

184 manibus regiis *vulg.* : manis regibus *RS* regis manibus *PQH*.

185 Latona *cet.* : Latrona *R* || iste Chio *PQH* : stechio *RS* || P. *PQH* : p. r. *RS* || aliqua *PQH* : aitqua *RS* || posuit *om.* *RS*.

leurs jeunes gens ; — **186** et toi, Hercule, que Verrès à Agrigente, en pleine nuit, ayant armé et rassemblé une troupe d'esclaves, s'efforça d'arracher et d'emporter de ta demeure ; — et toi, très vénérable mère des dieux, déesse de l'Ida, qu'il laissa chez les habitants d'Engyum, dans un temple très majestueux et très saint, tellement dépouillée que, s'il reste à présent le nom de Scipion l'Africain et des traces des outrages faits à cette religion, les monuments de la victoire et les ornements du sanctuaire ont disparu ; — et vous, arbitres et témoins de toutes les affaires du Forum, des plus grandes assemblées, des lois et des tribunaux ; vous, placés dans le lieu le plus fréquenté du peuple romain, Castor et Pollux, dont le temple fournit à Verrès matière de lucre, et proie très malhonnête ; — et vous tous, dieux, que des chars couverts de tentures emmènent tous les ans aux assemblées des jeux, vous dont Verrès fit entreprendre et achever la route pour son profit et non pous la dignité de vos religions ; — **187** et vous, Cérès et Proserpine, dont le culte, comme le montrent les opinions et les pratiques religieuses, consiste dans les cérémonies de beaucoup les plus importantes et les plus secrètes ; vous qui, dit-on, avez donné et distribué aux mortels et aux États les germes de la vie et de la nourriture, des mœurs et des lois, de la douceur et de la civilisation ; vous dont le peuple romain garde dans l'État et dans les familles le culte reçu des Grecs et adopté avec une si grande vénération qu'il ne paraît pas importé là par eux, mais de là transmis à tous les autres, culte souillé et outragé par Verrès seul, au point d'avoir fait arracher et emporter de son sanctuaire de Catane une statue de Cérès qu'un homme ne pouvait sans sacrilège toucher ni même regarder, au

d'Antiochus, XXVII-XXX ; de la Diane de Ségeste, XXXIII-XXXVI ; du Mercure de Tyndaris, XXXIX, 84-XLI, 88 ; tentative de vol de l'Hercule d'Agrigente, XLIII, 94 ; pillage du temple de Cybèle à Engyum, XLIV, 97 ; vol de la Cérès de Catane, XLV, 99-102 ; pillage du temple de Junon à Malte, XLVI, 103, 104 ; vol de la Cérès d'Henna, XLVIII-L ; pillage du temple de Minerve à Syracuse, LV-LVII ; vol de Jupiter Urios, LVII, 128 ; vol dans le temple de Libera, LVII, 128.

186 teque, Hercules, quem iste Agrigenti, nocte intempesta, seruorum instructa et comparata manu, conuellere *ex tuis* sedibus atque auferre conatus est; teque, sanctissima mater Idaea, quam apud Enguinos, augustissimo et religiosissimo *in* templo sic spoliatam reliquit ut nunc nomen modo Africani et uestigia uiolatae religionis maneant, monumenta uictoriae fanique ornamenta non exstent; uosque, omnium rerum forensium, consiliorum maximorum, *legum* iudiciorumque arbitri et testes, celeberrimo in loco populi Romani locati, Castor et Pollux, quorum e templo quaestum iste sibi et praedam inpro*bis*simam conparauit; omnesque di, qui uehiculis tensarum sollemnis coetus ludorum inu*isitis*, quorum iter ist*e* ad suum quaestum, *non* ad religionum dignitatem faciundum exigendumque curauit; **187** teque, Ceres et Libera, quarum sacra, sicut opiniones hominum ac religiones ferunt, longe maximis atque occultissimis caerimoniis continentur, a quibus initia uitae atque uictus, morum, legum, mansuetudinis, humanitatis, hominibus et ciuitatibus data ac dispertita esse dicuntur, quarum sacra populus Romanus a Graecis adscita et accepta tanta religione et publice et priuatim tuetur, non ut ab illis huc allata, sed ut ceteris hinc tradita esse uideantur, quae ab isto uno sic polluta ac uiolata sunt ut simulacrum Cereris unum, quod a uiro non modo tangi, sed ne aspici quidem fas fuit, e sacrario Catina conuellendum auferendumque cur*ar*it, alterum autem Henna ex

186 ex tuis *Madvig* : ex suis *PQH* suis *RS* ‖ in *om. RS.* ‖ legum *PQH* : reliquum *RS* ‖ improbissimam *vulg.* : improuisissimam *RS* maximam improbissime *PQH* ‖ inuisitis *PQH* : inutilis *RS* ‖ iste *PQH* : ista *RS* ‖ non ad *PQH* : non *RS*.
187 curarit *Halm* : curauit *RS* curauerit *PQH*.

point d'avoir enlevé de sa résidence et de sa demeure d'Henna une seconde statue de tel aspect que les hommes en la voyant croyaient sincèrement voir Cérès elle-même ou une image de Cérès non pas faite de main d'ouvrier, mais comme descendue du ciel ; **188** c'est vous encore et toujours que j'invoque et supplie, très vénérable divinités, qui habitez les lacs et les bois sacrés d'Henna et veillez sur toute la Sicile dont la défense m'a été confiée ; vous qui avez découvert et réparti dans l'univers les céréales et qui maintenez toutes les nations et tous les peuples dans le respect de votre puissance ; — et vous tous, dieux et déesses, vous dont les temples et les objets consacrés ont toujours subi les attaques sacrilèges et impies de Verrès poussé par une folie et une audace profanatrices, je vous invoque, et je vous en conjure : si à propos de ce coupable et de cette cause tous mes desseins ne visaient que le salut des alliés, l'honneur du peuple romain et la fidélité à mes engagements, si tous mes soins, toutes mes veilles et mes pensées ne se sont attachés qu'au devoir et au bien, — mes dispositions morales en acceptant cette cause, ma droiture en la plaidant, apportes-les à la juger, — **189** et que Verrès, si tous ses attentats sont inouïs et uniques en fait de scélératesse, d'audace, de perfidie, de débauche, d'avidité, de cruauté, que Verrès obtienne par votre arrêt la juste récompense de sa vie et de ses actions, que cette accusation entre toutes suffise à remplir mes devoirs envers la République et mes engagements envers les Siciliens et que désormais il me soit possible de défendre les gens de bien plutôt que nécessaire d'accuser les méchants.

sua sede ac domo sustulerit, quod erat tale, ut homines, cum uiderent, aut ipsam uidere se Cererem aut effigiem Cereris non humana manu factam, sed de caelo lapsam arbitrarentur ; **188** uos etiam atque etiam inploro et appello, sanctissimae deae, quae illos Hennensis lacus *lucos*que incolitis cunctaeque Siciliae, quae mihi defendenda tradita est, praesidetis, a quibus, inuentis fru*g*ibus et in orbem terrarum distributis, [si] omnes gentes ac nationes uestri religione n*u*minis continentur ; ceteros item deos deasque omnes inploro et obtestor, quorum templis et religionibus iste nefario quodam furore et audacia instinctus bellum sacrilegum semper impiumque habuit indictum, ut, si in hoc reo atque in hac causa omnia mea consilia ad salutem sociorum, dignitatem *populi Romani*, fidem mea*m* spectauerunt, si nullam ad rem nisi ad officium et uirtutem omnes meae curae, uigiliae cogitationesque elabora*r*unt, quae mea mens in suscipienda causa fuit, fides in agenda, eadem uestra sit in iudicanda ; **189** deinde uti C. Verrem, si eius omnia sunt inaudita et singularia facinora sceleris, audaciae, perfidiae, libidinis, auaritiae, crudelitatis, dignus exitus eiusmodi uita atque factis uestro iudicio consequatur, ut*i*que res publica meaque fides una hac accusatione mea contenta sit mihique pos*t*hac bonos potius de*fendere* liceat quam inprobos accusare necesse sit.

188 lucosque *PQH* : lacusque *RS* || frugibus *PQH* : fructibus *RS* || omnes *PQH* : si o. *RS* || numinis *PQH* : nom —*RS* || populi Romani *Q* : rei publicae *cet.* || meam *PQH* : mea *RS* || elaborarunt *codd. rec.* : —bunt *RS* laborarunt *PQH*.

189 utique *Madvig* : ut hi qui *RS* atque *PQH* || posthac *PQH* : potest hac *RS* || defendere liceat *PQH* : dereliceat *RS*.

Ce volume,
de la Collection des Universités de France,
publié aux Éditions Les Belles Lettres,
a été achevé d'imprimer
en novembre 2002
sur presse rotative numérique
de Jouve
11, bd de Sébastopol, 75001 Paris

N° d'édition : 4389
Dépôt légal : novembre et décembre 2002

Imprimé en France